똑똑한 독해, 똑독!

똑독

초등

한자 어휘

1단계 | 씨앗

예비 초등

STAFF

발행인 정선욱
퍼블리싱 총괄 남형주
기획·개발 조비호 김태원 김한길 신영한 김성준 김정희 육인선 민소희
디자인·마케팅 김정인 김라니 차혜린
제작·유통 서준성 신성철

똑독 초등 한자 어휘 1단계 씨앗   202307 제1판 1쇄

펴낸곳	이투스에듀(주) 서울시 서초구 남부순환로 2547
전화	1599-3225
등록번호	제2007-000035호
ISBN	979-11-389-1758-2 [63700]

초등 한자 어휘

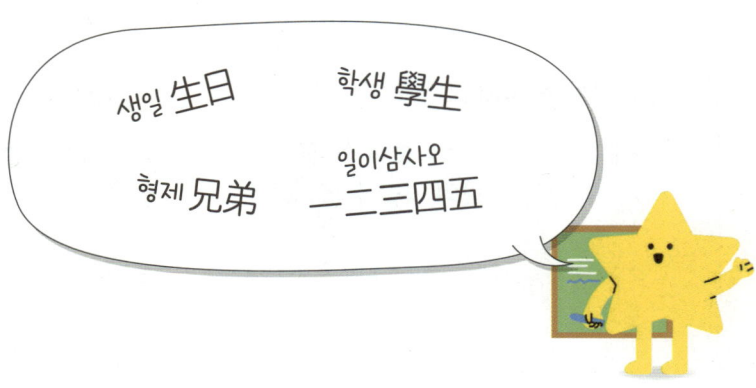

생일 生日　　학생 學生

형제 兄弟　　일이삼사오 一二三四五

우리말 중 한자어가 절반 가량을 차지한다는 사실을 아시나요?
사물의 이름을 나타내는 단어인 명사만 보면 한자어가 70~80%를 차지한다고 해요.
그렇기 때문에 한자어를 모르면 우리말 단어 또한 제대로 알기 어렵고
'글을 읽고 내용을 정확히 이해하고 판단하는 능력'인 문해력을 기르기도 어렵겠죠.

문해력을 기르려면 한자 어휘 공부를 시작하세요!

한 편의 글을 정확히 이해하려면, 어휘의 의미를 아는 게 우선입니다.
똑똑 초등 한자 어휘 시리즈는
'한자 어휘 – 문장 – 글'의 단계적 학습으로
어휘의 의미와 쓰임새를 배울 수 있고,
다양한 문제 풀이와 쓰기 활동을 통해
문해력을 기르는 데 도움을 주는 훈련서입니다.

이 책의 **구성과 특징**

똑독 초등 한자 어휘 1단계 씨앗편

본문

1 주제별 한자

주제별로 묶은 한자의 뜻과 소리를
배우고, 직접 써 보며 익힐 수 있어요.

2 한자 유래

한자의 유래를 통해 한자를
쉽고 재미있게 학습할 수 있어요.

1 한자 어휘

앞에서 배운 한자가 쓰인 어휘를 한눈에
확인할 수 있어요.

2 어휘의 뜻

한자 어휘가 어떤 뜻을 가졌는지 알 수
있어요.

1단계 낱말 알아보기

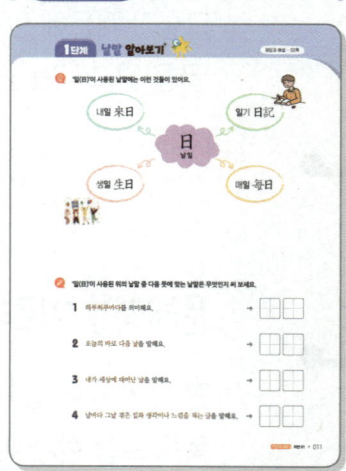

2단계 문제 풀기

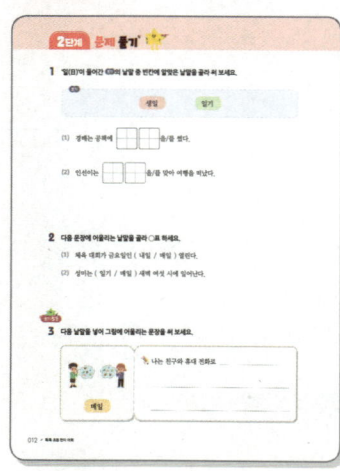

1 문제 풀이

한자 어휘의 쓰임을 파악하는 문제를
풀며 문장 이해력을 높일 수 있어요.

2 쓰기 활동

한자 어휘를 활용하여 문장을 써 보는
쓰기 활동을 하며 글쓰기 능력을 기를
수 있어요.

3단계 글로 익히기

1 글 읽기
한자 어휘가 사용된 다양한 분야의
글을 읽을 수 있어요.

2 어휘의 뜻
글에 쓰인 어휘의 뜻을 보고
어휘의 의미를 되새길 수 있어요.

3 문제 풀이
문제를 풀며 글의 내용을 이해하는
이해력과 문제 해결 능력을 기를 수 있어요.

4 우리말 속담 · 관용어
한자 어휘와 관련 있는 우리말 속담과
관용어를 배울 수 있어요.

5 붙임딱지
하루 공부가 끝날 때마다 붙임딱지를
붙여 마무리할 수 있어요.

정답과 해설

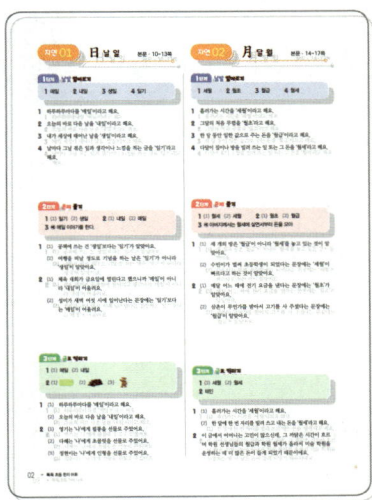

- 한자 어휘가 어떤 뜻을 가졌는지 한눈에 확인할
  수 있어요.
- '문제 풀기'와 '글로 익히기'의 정답을 확인하고
  정답인 이유를 쉽게 알 수 있어요.

워크북

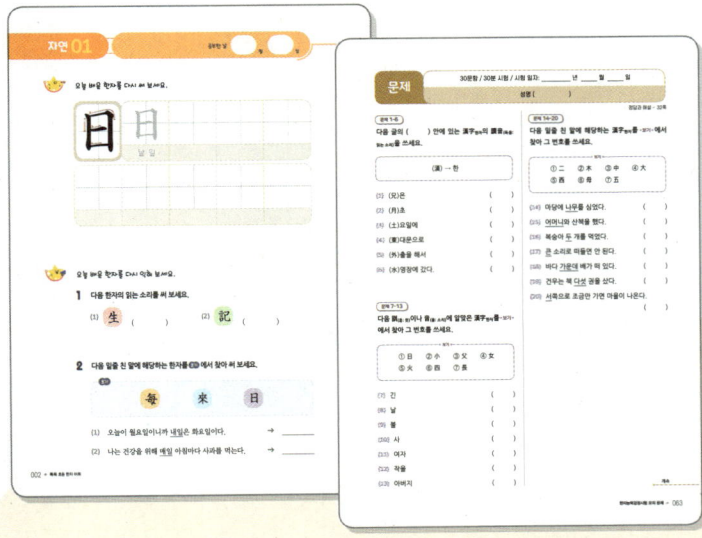

1 한자 쓰기
한자를 쓰는 순서를 배우고 직접 써 보며
해당 한자를 완벽하게 외울 수 있어요.

2 문제 풀이
다양한 문제를 풀며 앞에서 배운
한자 어휘를 다시 한번 확인할 수 있어요.

3 한자능력검정시험 모의 문제
한자능력검정시험 모의 문제를 풀며
시험에 대비할 수 있어요.

이 책의 차례

자연

공부한 날

01	日 날 일 ǀ 내일 일기 생일 매일	010쪽	월 일
02	月 달 월 ǀ 월초 월세 월급 세월	014쪽	월 일
03	火 불 화 ǀ 점화 소화 화재 화상	018쪽	월 일
04	水 물 수 ǀ 수질 냉수 수영 홍수	022쪽	월 일
05	木 나무 목 ǀ 목수 묘목 목재 고목	026쪽	월 일
06	金 쇠 금 ǀ 금속 황금 저금 세금	030쪽	월 일
07	土 흙 토 ǀ 토지 국토 토양 농토	034쪽	월 일

· 쉬어가기 ǀ 자연 한자 놀이

방향

01	東 동녘 동 ǀ 동해 동양 동부 동대문	040쪽	월 일
02	西 서녘 서 ǀ 서학 서양 서풍 대서양	044쪽	월 일
03	南 남녘 남 ǀ 남북 강남 남향 남극	048쪽	월 일
04	北 북녘 북 ǀ 북어 북한 북부 북극성	052쪽	월 일
05	外 바깥 외 ǀ 외모 소외 외출 해외	056쪽	월 일

· 쉬어가기 ǀ 방향 한자 놀이

사람

01	人 사람 인 ǀ 인상 애인 상인 거인	062쪽	월 일
02	母 어머니 모 ǀ 이모 부모 모녀 장모	066쪽	월 일
03	父 아버지 부 ǀ 부친 조부 부자 숙부	070쪽	월 일
04	兄 형 형 ǀ 형수 친형 형제 학부형	074쪽	월 일

05	弟 아우 제 ┃ 처제 제수 자제 제자	078쪽	월 일
06	女 여자 녀(여) ┃ 여왕 해녀 자녀 효녀	082쪽	월 일
07	生 날 생 ┃ 인생 선생 학생 출생	086쪽	월 일

· **쉬어가기** ┃ 사람 한자 놀이

크기

01	小 작을 소 ┃ 소형 축소 최소 소아	092쪽	월 일
02	中 가운데 중 ┃ 중간 도중 중순 중심	096쪽	월 일
03	大 큰 대 ┃ 대형 확대 대회 대중	100쪽	월 일
04	長 긴 장 ┃ 장기 성장 장단 연장	104쪽	월 일
05	寸 마디 촌 ┃ 촌각 사촌 촌수 삼촌	108쪽	월 일
06	年 해 년(연) ┃ 연도 내년 작년 풍년	112쪽	월 일

· **쉬어가기** ┃ 크기 한자 놀이

숫자

01	一 한 일 ┃ 일부 통일 제일 일주일	118쪽	월 일
02	二 두 이 ┃ 이중 이층 이십 이월	122쪽	월 일
03	三 석 삼 ┃ 삼국 외삼촌 삼각형 삼시	126쪽	월 일
04	四 넉 사 ┃ 사지 사계 사방 사골	130쪽	월 일
05	五 다섯 오 ┃ 오감 오목 오뉴월 오일장	134쪽	월 일

· **쉬어가기** ┃ 숫자 한자 놀이

○ **정답과 해설**

워크북 ┃ 자기 주도형 심화 학습 노트

똑똑 초등 한자 어휘
어떻게 공부할까요?

1

한자어의 뜻과 소리를 배우고 직접 써 봐요.

2

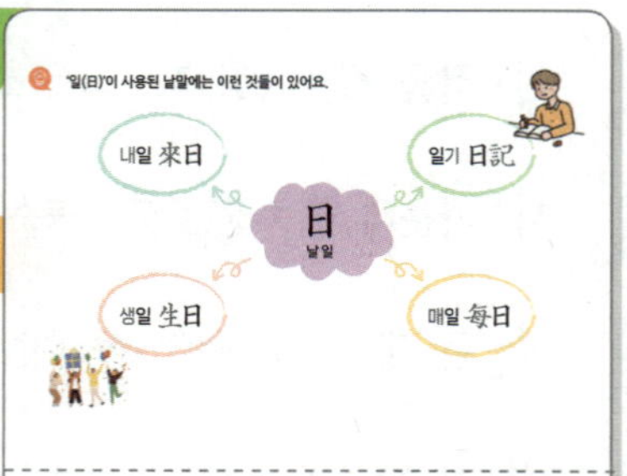

한자어가 사용된 낱말을 확인해 봐요.

4

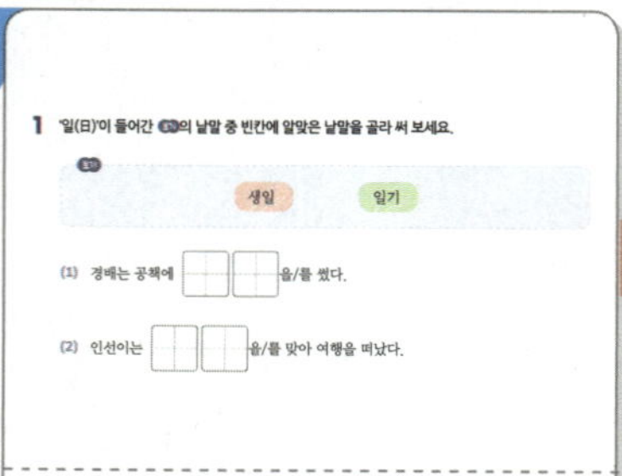

문장 속 한자 어휘의 의미를 파악하는 문제를 풀어 봐요.

3

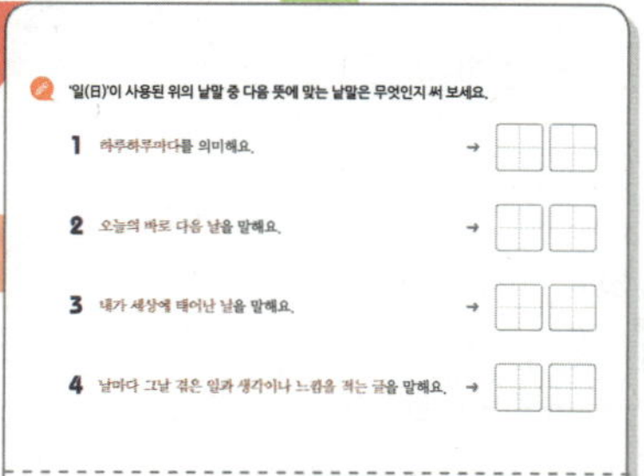

낱말의 뜻을 보고 어떤 낱말인지 알아봐요.

5

글을 읽으며 낱말의 뜻을 확인하고 문제를 풀어 봐요.

6 워크북

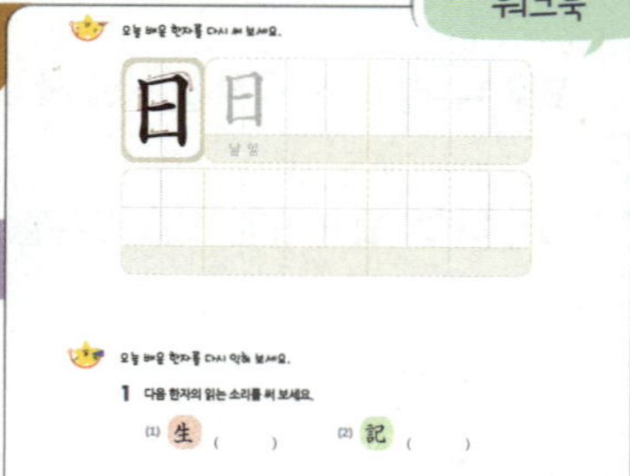

배운 한자의 획순을 확인하며 써 보고 다양한 문제를 풀며 한자 어휘를 완벽하게 익혀 봐요.

자연

01	日 날 일	내일 일기 생일 매일
02	月 달 월	월초 월세 월급 세월
03	火 불 화	점화 소화 화재 화상
04	水 물 수	수질 냉수 수영 홍수
05	木 나무 목	목수 묘목 목재 고목
06	金 쇠 금	금속 황금 저금 세금
07	土 흙 토	토지 국토 토양 농토

日 날 일

 한자능력 8급

日

뜻   소리

날   일

오늘 밤 열두 시에서 다음 날 밤 열두 시까지의 24시간

새로운 날이네.
일어나야겠다.

日	⼌	ㅣ		
날 일	날 일			

유래

 → →

日은 태양을 그린 한자야.
가운데 점은 태양을, 주변의 동그라미는 태양 주변으로 퍼져 나가는 빛을 표현한 거래.
그래서 '날'이 아니라 '해'를 의미하기도 해.

'일(日)'이 사용된 낱말에는 이런 것들이 있어요.

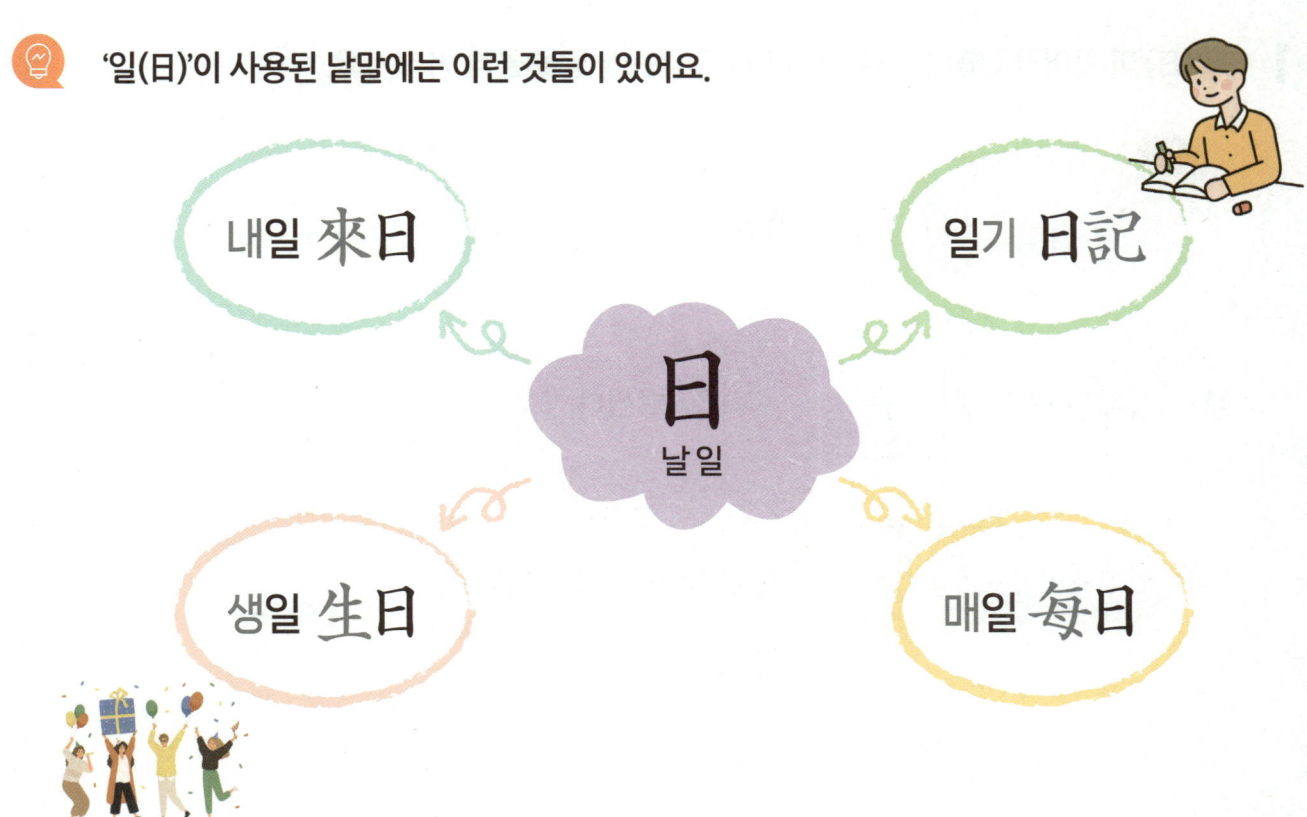

내일 來日

일기 日記

日
날 일

생일 生日

매일 每日

'일(日)'이 사용된 위의 낱말 중 다음 뜻에 맞는 낱말은 무엇인지 써 보세요.

1 하루하루마다를 의미해요. →

2 오늘의 바로 다음 날을 말해요. →

3 내가 세상에 태어난 날을 말해요. →

4 날마다 그날 겪은 일과 생각이나 느낌을 적는 글을 말해요. →

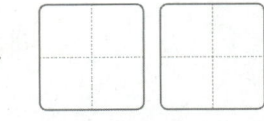

1 '일(日)'이 들어간 보기의 낱말 중 빈칸에 알맞은 낱말을 골라 써 보세요.

보기

생일   일기

(1) 경배는 공책에 [　][　]을/를 썼다.

(2) 인선이는 [　][　]을/를 맞아 여행을 떠났다.

2 다음 문장에 어울리는 낱말을 골라 ○표 하세요.

(1) 체육 대회가 금요일인 (내일 / 매일) 열린다.

(2) 성미는 (일기 / 매일) 새벽 여섯 시에 일어난다.

쓰기 활동

3 다음 낱말을 넣어 그림에 어울리는 문장을 써 보세요.

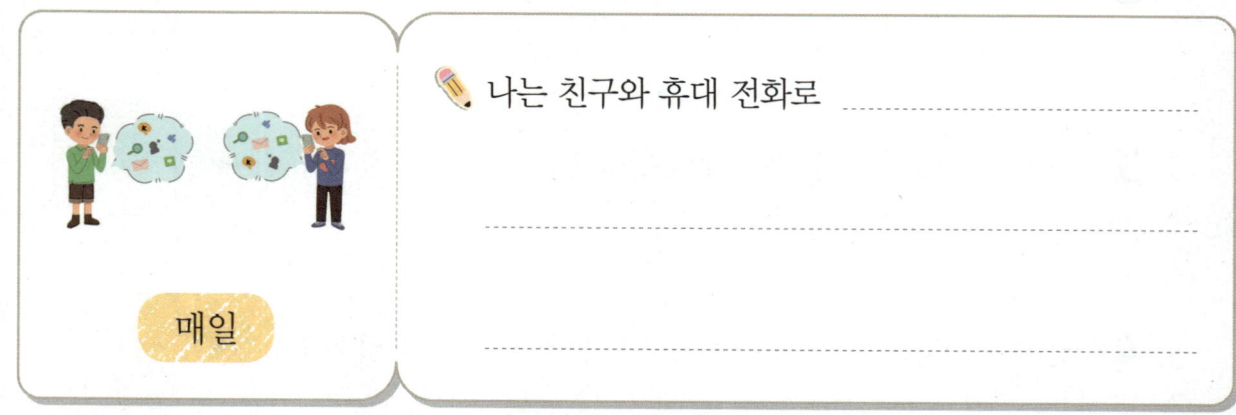

✏️ 나는 친구와 휴대 전화로 _____

_____

_____

매일

📖 다음 글을 읽고 문제를 풀어 보세요.

　오늘은 기다렸던 내 생일이다. 친구들을 집으로 초대하여 생일잔치를 했다. 동네에서 ㉠하루하루마다 보는 친구들이지만 우리 집에 초대한 것은 처음이었다. 영기는 필통을, 정현이는 인형을, 다혜는 초콜릿을 선물로 주었다.

　친구들과 즐겁게 놀고 선물도 받아서 무척 행복한 하루였다고 일기를 썼다. ㉡오늘의 바로 다음 날 친구들을 만나면 다시 한번 고맙다고 말해야겠다.

1 윗글의 ㉠, ㉡의 뜻을 가진 낱말을 써 보세요.

(1) ㉠: | ㅁ | ㅇ |

(2) ㉡: | ㄴ | ㅇ |

2 윗글에서 '나'에게 선물을 준 친구와 그 선물을 찾아 선으로 이어 보세요.

(1) 영기 ·

(2) 다혜 ·

(3) 정현 ·

· 🧸

· 🍫

· (필통)

우리말 속담

집 떠나면 고생이다

🔍 자신의 집이 가장 좋다거나 집을 떠나 돌아다니면 불편한 점이 있다는 말

붙임딱지

공부한 날

월   일

한자능력 8급

月

뜻   **소리**

달   **월**

달이 참 예쁘다.

밤에 하늘에 뜬 동그랗고 밝은 빛이 나는 것
일 년을 열둘로 나누어 놓은 시간

月	刀	)			
달 월	달 월				

유래

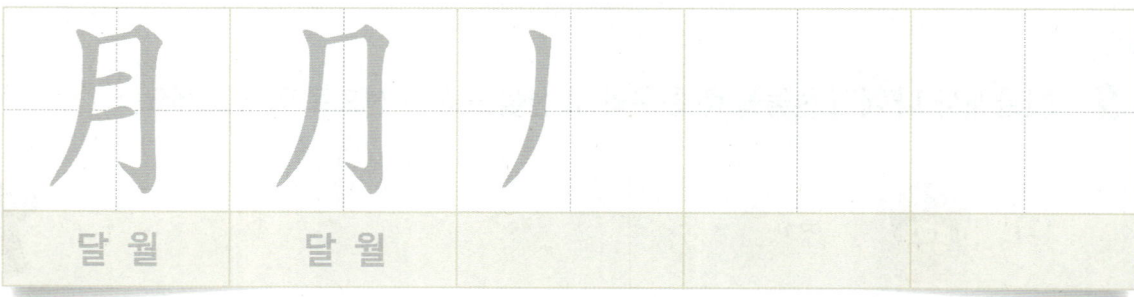

月은 초승달을 그린 한자야.
동그란 보름달은 '해'와 모양이 비슷하니까 초승달을 그려서 '달'을 표현한 거지.
'달'은 시간에 따라 모양이 변해서 月은 흘러가는 시간을 의미하기도 해.

💡 '월(月)'이 사용된 낱말에는 이런 것들이 있어요.

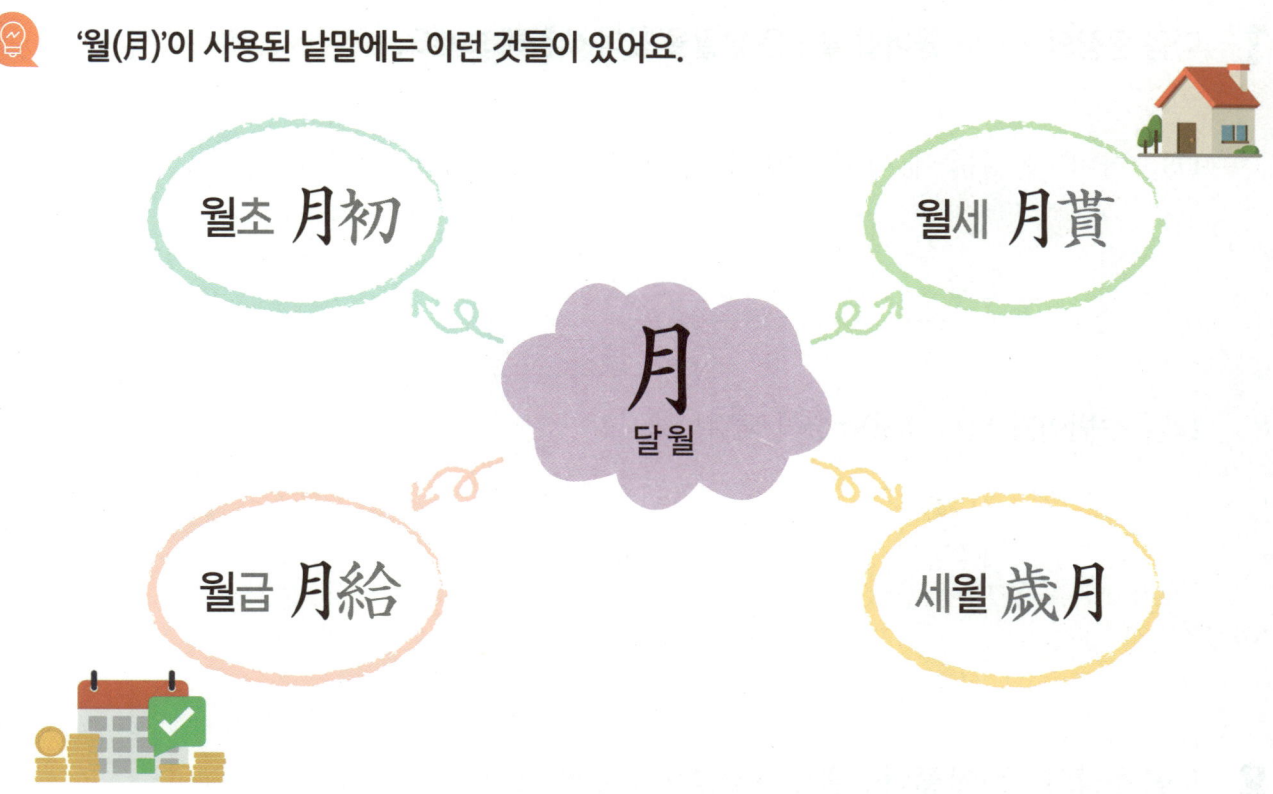

월초 月初

월세 月貰

月
달 월

월급 月給

세월 歲月

✏️ '월(月)'이 사용된 위의 낱말 중 다음 뜻에 맞는 낱말은 무엇인지 써 보세요.

1 흘러가는 시간을 말해요. →

2 그달의 처음 무렵을 말해요. →

3 한 달 동안 일한 값으로 주는 돈을 말해요. →

4 다달이 집이나 방을 빌려 쓰는 일 또는 그 돈을 말해요. →

1 다음 문장의 빈칸에 들어갈 알맞은 낱말을 찾아 색칠해 보세요.

(1) 아버지는 위층에 세 개의 방을 [   ](으)로 놓고 있다.

월급   월세

(2) 수빈이가 벌써 초등학생이 되다니 [   ]이/가 참 빠르다.

세월   월초

2 다음 문장의 빈칸에 들어갈 알맞은 낱말을 찾아 선으로 이어 보세요.

(1) 나는 전기 요금을 매달 (   )에 낸다.   월급

(2) 이모가 (   )을/를 받아서 고기를 사 주셨다.   월초

 쓰기 활동

3 다음 낱말을 넣어 그림에 어울리는 문장을 써 보세요.

월급

_____

_____

_____ 자기 집을 마련하였다.

📖 다음 글을 읽고 문제를 풀어 보세요.

    어머니는 미술 학원을 운영하신다. 학생들은 한 달에 네 번 수업이 있고 월초에 수강료를 낸다. 학원이 동네에서 유명해져서 점점 학생들이 늘고 있지만, 어머니께서는 고민이 많으시다. 왜냐하면 ㉠흘러가는 시간에 따라 선생님들의 월급과 ㉡한 달에 한 번 학원 건물을 빌려 쓰고 내는 돈이 올랐기 때문이다.

1 윗글의 ㉠, ㉡의 뜻을 가진 낱말을 써 보세요.

(1) ㉠:    (2) ㉡:

2 윗글의 '어머니'의 고민을 알맞게 말한 친구는 누구인지 써 보세요.   (   )

> • **지우**: 미술 학원에서 일할 선생님이 부족한 게 문제야.
> • **세아**: 미술 학원에 다니는 학생들이 줄어드는 것이 문제야.
> • **태민**: 미술 학원을 운영하는 데 더 많은 돈이 들게 된 게 문제야.

우리말 속담

세월이 약이다
🔍 힘든 일도 시간이 흐르고 나면 잊게 된다는 말

붙임딱지

火 불 화

火

뜻	소리
불	화

불이 참 따뜻하네.

火	少	`			
불화	불화				

유래

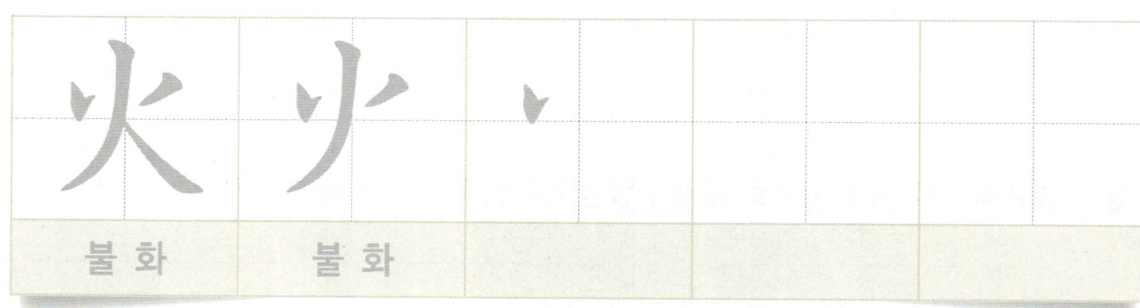

火는 '불'이라는 뜻을 가진 한자야.
火는 불길이 솟아오르는 모습을 그린 것으로,
다른 글자와 만나면 '열'이나 '불의 특성'과 관련된 뜻을 가지게 돼.

💡 '화(火)'가 사용된 날말에는 이런 것들이 있어요.

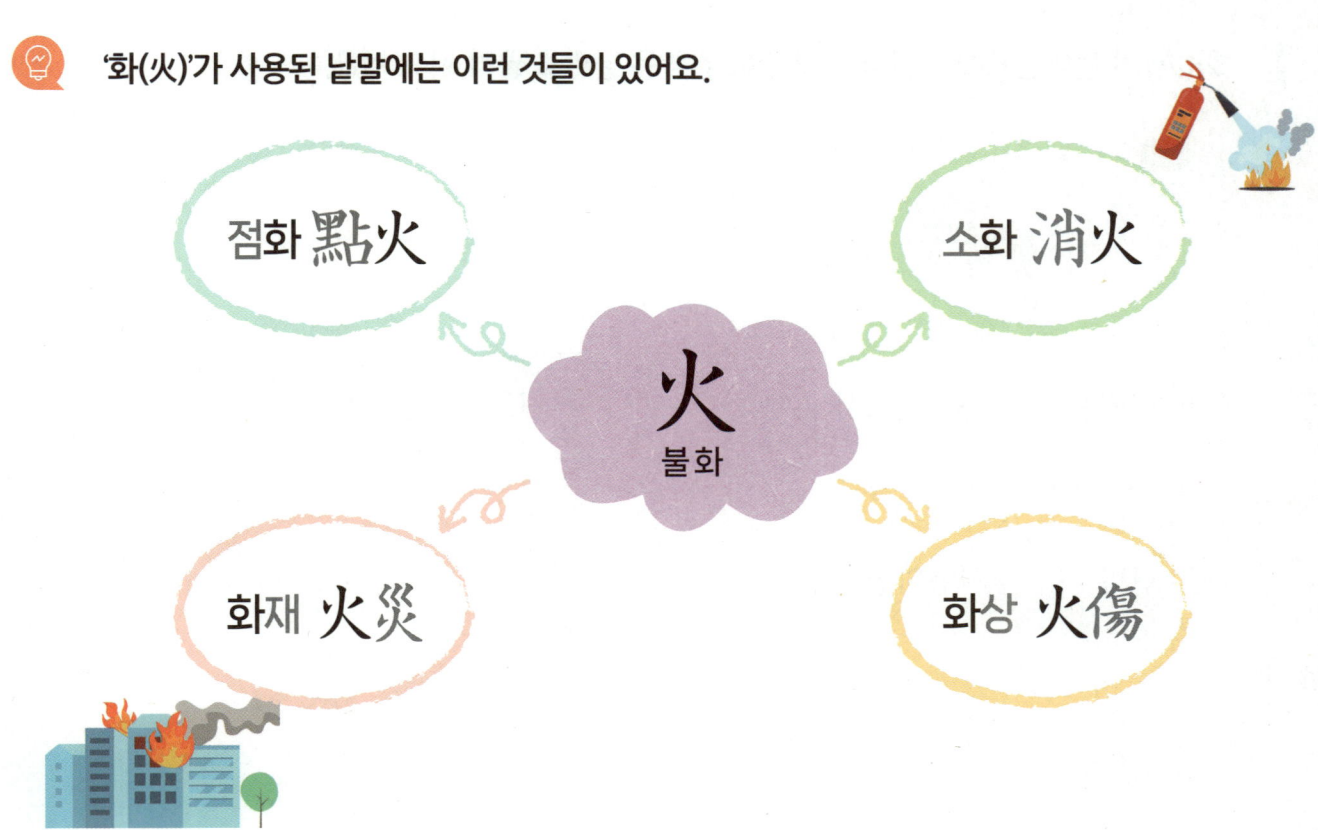

점화 點火

소화 消火

火
불화

화재 火災

화상 火傷

✏️ '화(火)'가 사용된 위의 날말 중 다음 뜻에 맞는 날말은 무엇인지 써 보세요.

1 불을 끄는 것을 말해요. →

2 불을 붙이거나 켜는 것을 말해요. →

3 불에 데었을 때 피부가 다치는 것을 말해요. →

4 불이 나는 일이나 불이 나서 일어난 사고를 말해요. →

1 '화(火)'가 들어간 보기 의 낱말 중 빈칸에 알맞은 낱말을 골라 써 보세요.

보기

　화상　　　　　화재

(1)　뜨거운 주전자를 만져서 손에 ☐☐ 을/를 입었다.

(2)　난방 기구를 사용하면 ☐☐ 이/가 일어나기 쉬우니 조심해야 한다.

2 다음 문장에 어울리는 낱말을 골라 ○표 하세요.

(1)　가스가 없어서인지 난로는 (점화 / 화상)이/가 되지 않았다.

(2)　소방관들은 불이 난 지 이십 분 만에 (화재 / 소화) 작업을 끝냈다.

쓰기 활동

3 다음 낱말을 넣어 그림에 어울리는 문장을 써 보세요.

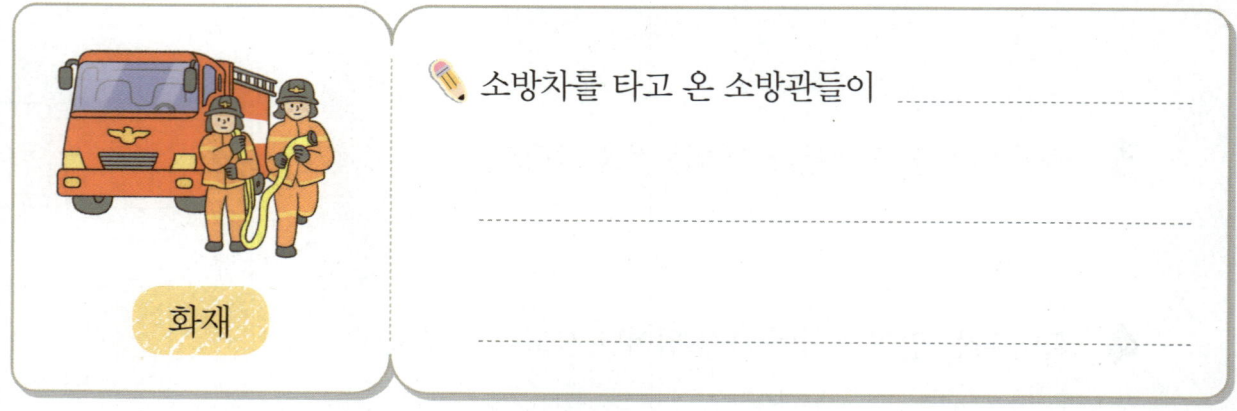

✏️ 소방차를 타고 온 소방관들이 _____

_____

_____

화재

📖 다음 글을 읽고 문제를 풀어 보세요.

지난 6월 4일 □□ 대학교 연구팀에서 소방 로봇에 대한 연구를 발표했습니다. 이 로봇의 ㉠불을 끄는 것에 대한 능력은 소방관 20명이 작업을 하는 것과 같은 것으로 알려졌습니다. 또한 점화 뒤에 로봇이 ㉡불이 나는 일을 알아차리고 움직이는 속도를 측정한 결과 삼 분이 넘지 않았습니다. □□ 대학교 연구팀 대표인 ○○○ 교수는 '화재로 화상을 입고 치료 중인 딸에게 이 로봇을 바친다.'라고 말했습니다.

1 윗글의 ㉠, ㉡의 뜻을 가진 낱말을 써 보세요.

(1) ㉠:     (2) ㉡:

2 윗글에 대한 설명으로 알맞지 <u>않은</u> 것은 무엇인가요?   (   )

① 불이 나면 로봇이 삼 분 안에 움직인다.
② □□ 대학교는 소방관들을 돕기 위해 로봇을 만들었다.
③ 연구 대표인 ○○○ 교수의 딸은 화재로 화상을 입었다.

우리말 **속담**

불난 집에 부채질한다
🔍 남의 힘든 일을 더 크게 만들거나 화난 사람을 더욱 화나게 함을 이르는 말

붙임딱지

한자능력 8급

뜻	소리
물	수

물이 졸졸 흐르네.

水	기	丁			
물 수	물 수				

유래

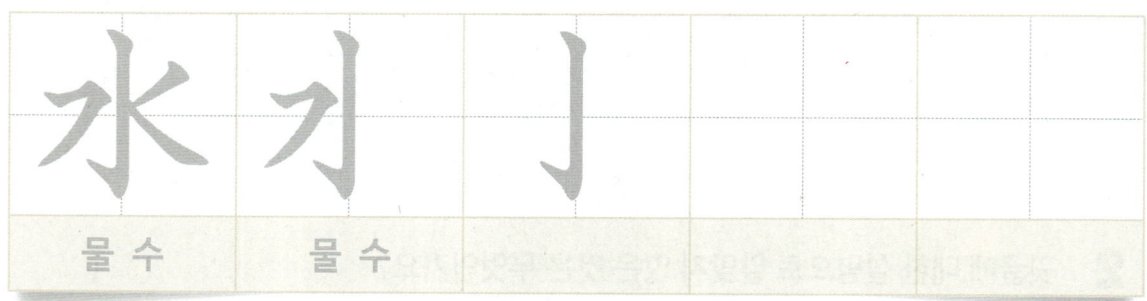

 →  → 水

水는 '물'이나 '강물'이라는 뜻을 가진 한자야.
시냇물 주위로 빗방울이 떨어지는 모습을 그린 것이래.
그래서 水가 들어가면 '물'과 관련된 의미를 가지게 돼.

💡 '수(水)'가 사용된 낱말에는 이런 것들이 있어요.

수질 水質

냉수 冷水

水
물수

수영 水泳

홍수 洪水

✏️ '수(水)'가 사용된 위의 낱말 중 다음 뜻에 맞는 낱말은 무엇인지 써 보세요.

1 차가운 물을 말해요. →

2 물속에서 헤엄치는 일을 말해요. →

3 비가 많이 와서 물이 갑자기 크게 불어나는 것을 말해요. →

4 물의 온도, 맑고 흐림, 빛깔, 성분 등 물이 가진 고유의 성질을 말해요. →

1 '수(水)'가 들어간 보기의 낱말 중 빈칸에 알맞은 낱말을 골라 써 보세요.

보기

홍수   수영

(1) 수영장에서 한 달 동안 ☐☐ 을/를 배웠다.

(2) 그녀는 지난여름에 ☐☐ (으)로 논을 잃었다.

2 다음 문장의 빈칸에 들어갈 알맞은 낱말을 찾아 선으로 이어 보세요.

(1) 아침마다 시원한 (   ) 을/를 마신다. •

• 수질

(2) 이 강은 (   )이/가 나빠져서 많은 물고기가 사라졌다. •

• 냉수

쓰기 활동

3 다음 낱말을 넣어 그림에 어울리는 문장을 써 보세요.

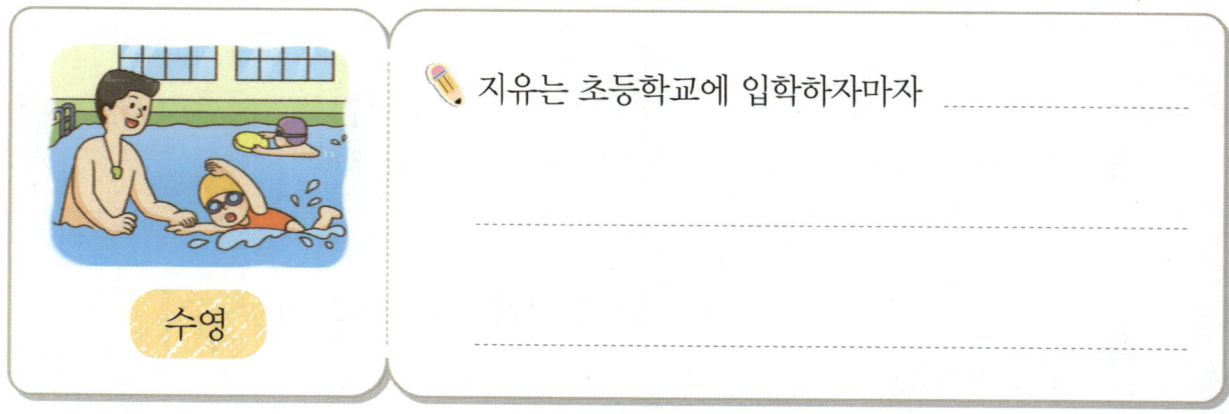

수영

✏️ 지유는 초등학교에 입학하자마자 _____

_____

_____

📖 다음 글을 읽고 문제를 풀어 보세요.

　올 여름엔 갑자기 쏟아지는 비가 많이 왔어요. 서울, 인천, 경기 등 수도권 지역에서는 ㉠비가 갑자기 많이 와서 물이 크게 불어나는 일이 많았어요. 그래서 도로 곳곳이 물에 잠기고 하수구가 막히기도 했지요. 한편 ○○시 ○○동에서는 불어난 ㉡차가운 물에서 시민이 수영을 하는 영상이 화제가 되기도 했는데, 수질이 좋지 않은 물이라 많은 사람들이 걱정을 했어요.

1 윗글의 ㉠, ㉡의 뜻을 가진 낱말을 써 보세요.

(1) ㉠: | ㅎ | ㅅ |

(2) ㉡: | ㄴ | ㅅ |

2 윗글의 일이 일어난 순서대로 기호를 써 보세요.　(　　　) → (　　　) → (　　　)

> ㉮ 물이 크게 불어났다.
> ㉯ 수도권 지역에 비가 갑자기 많이 왔다.
> ㉰ 도로가 물에 잠기거나 하수구가 막혔다.

우리말 **속담**

냉수 먹고 이 쑤시기

🔍 잘 먹은 척하며 이를 쑤신다는 뜻으로, 무언가 있는 척함을 이르는 말

붙임딱지

뜻   소리

나무   목

나무가 잘 자랐구나.

木	十	一			
나무 목	나무 목				

유래

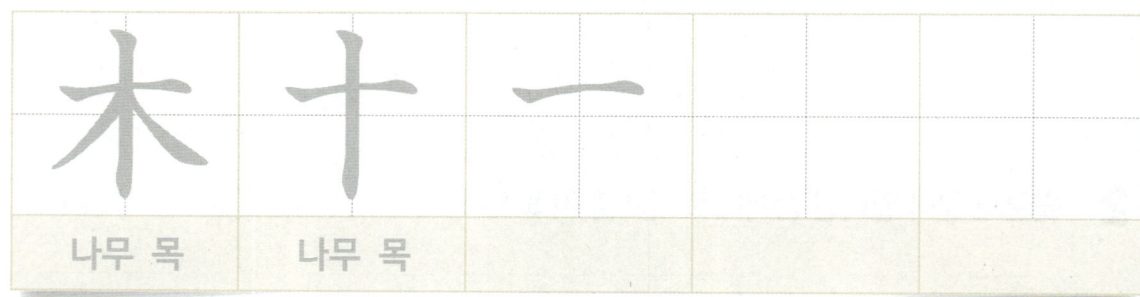

木은 나무의 뿌리와 가지를 함께 그린 한자야.
땅에 뿌리를 박고 가지를 뻗어 나가는 나무를 표현한 것이지.

💡 '목(木)'이 사용된 낱말에는 이런 것들이 있어요.

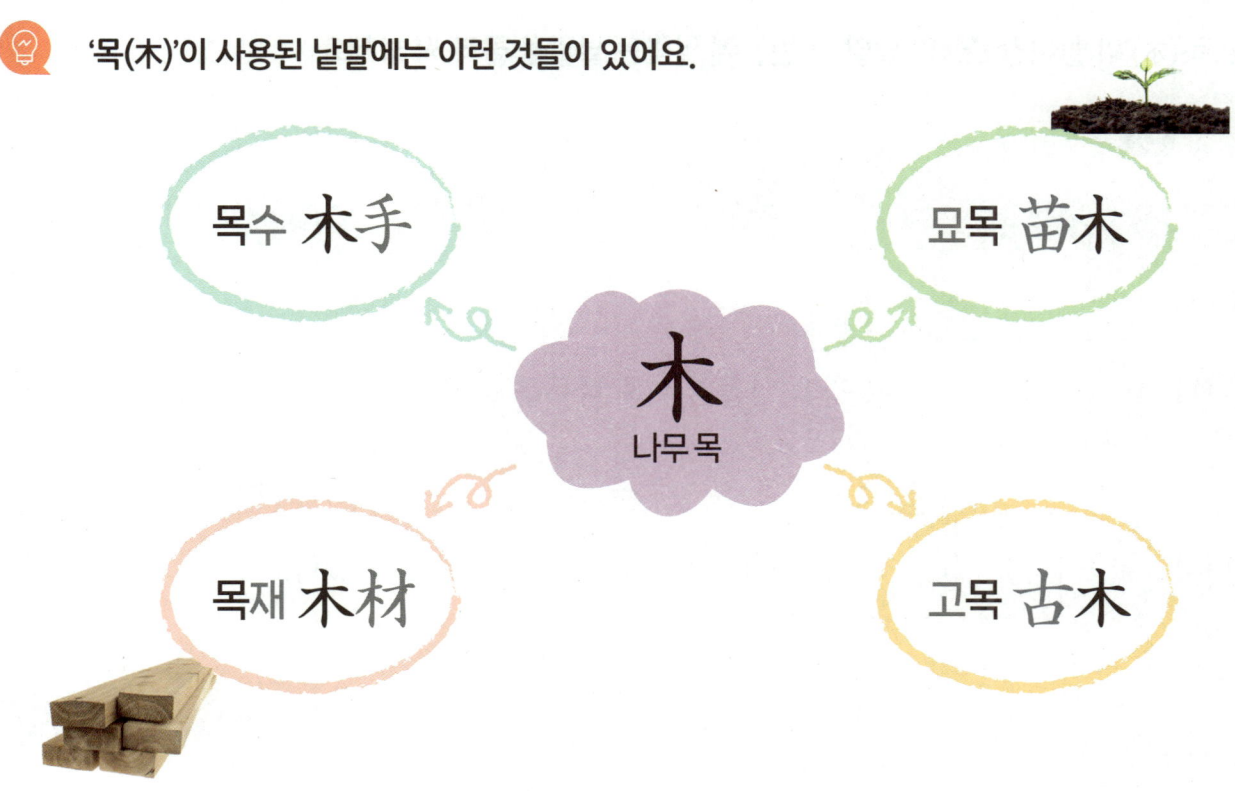

목수 木手

묘목 苗木

木
나무 목

목재 木材

고목 古木

✏️ '목(木)'이 사용된 위의 낱말 중 다음 뜻에 맞는 낱말은 무엇인지 써 보세요.

1 옮겨 심는 어린나무를 말해요. →

2 키가 크고 오래된 나무를 말해요. →

3 건축이나 가구에 쓰는 나무로 된 재료를 말해요. →

4 나무를 다루어 집을 짓거나 가구 등을 만드는 일을 하는 사람을 말해요. →

1 '목(木)'이 들어간 **보기**의 낱말 중 빈칸에 알맞은 낱말을 골라 써 보세요.

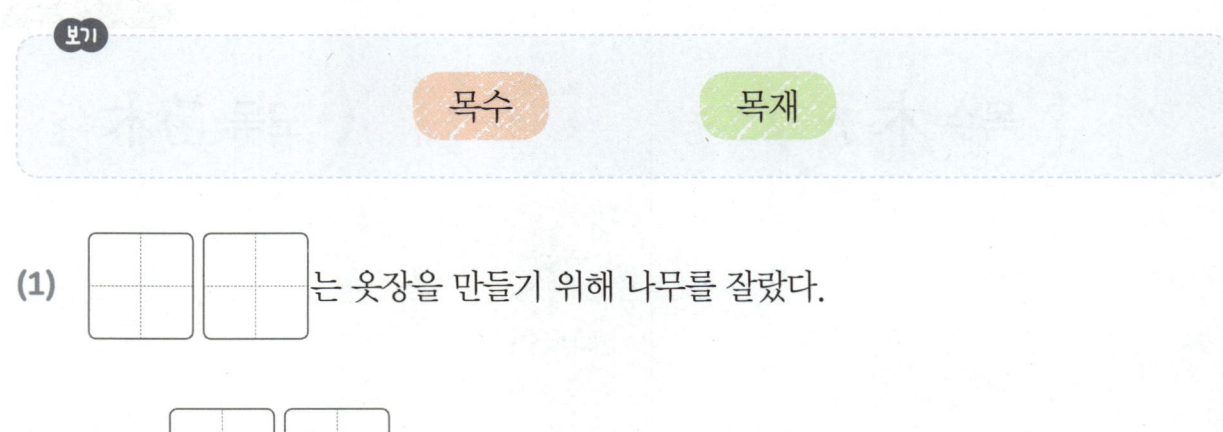

보기

목수   목재

(1) [ ][ ]는 옷장을 만들기 위해 나무를 잘랐다.

(2) 좋은 [ ][ ]를 사용해야 튼튼한 가구를 만들 수 있다.

2 다음 문장에 어울리는 낱말을 골라 ○표 하세요.

(1) 이 마을에는 몇백 년 묵은 (고목 / 목수)이/가 있다.

(2) 정원사는 식물원에 새로 들여온 작은 (묘목 / 목수)들을 심었다.

 **쓰기 활동**

3 다음 낱말을 넣어 그림에 어울리는 문장을 써 보세요.

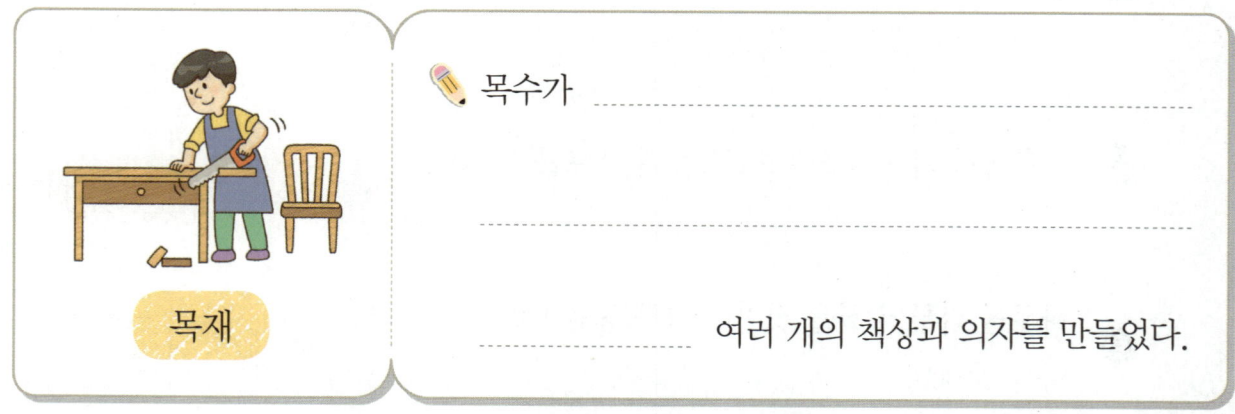

목재

✏️ 목수가 _____

_____

_____ 여러 개의 책상과 의자를 만들었다.

다음 글을 읽고 문제를 풀어 보세요.

> **'가죽나무'에 대해 알아보아요.**
>
>
>
> - ㉠오래된 나무는 목수들 사이에서 목재로 비싼 값에 팔린다.
> - ㉡옮겨 심는 어린나무를 심을 때는 긴 가지와 뿌리를 정리한 뒤 흙을 덮고 물을 충분히 많이 줘야 한다.
> - 새순은 독특한 향이 있어 나물로 인기가 많고, 뿌리의 껍질이나 줄기는 약으로 이용되고 있다. 4월에 새순이 13~15센티미터쯤 되면 수확한다.

1 윗글의 ㉠, ㉡의 뜻을 가진 낱말을 써 보세요.

(1) ㉠: [ㄱ][ㅁ]

(2) ㉡: [ㅁ][ㅁ]

2 윗글의 내용으로 알맞은 것은 ○, 알맞지 <u>않은</u> 것은 X표 하세요.

(1) 가죽나무 목재를 목수가 사려면 가격이 비싸다. (○ ┊ ×)

(2) 가죽나무의 묘목은 너무 많은 물을 주면 죽는다. (○ ┊ ×)

(3) 가죽나무의 새순은 15센티미터 정도 되면 수확한다. (○ ┊ ×)

우리말 속담

목수가 많으면 집을 무너뜨린다

🔍 여럿이 일할 때 사람마다 생각이 너무 많으면 오히려 일을 망친다는 말

붙임딱지

한자능력 8급

金

뜻
쇠

소리
금

나는 쇠를 다루는 일을 해.

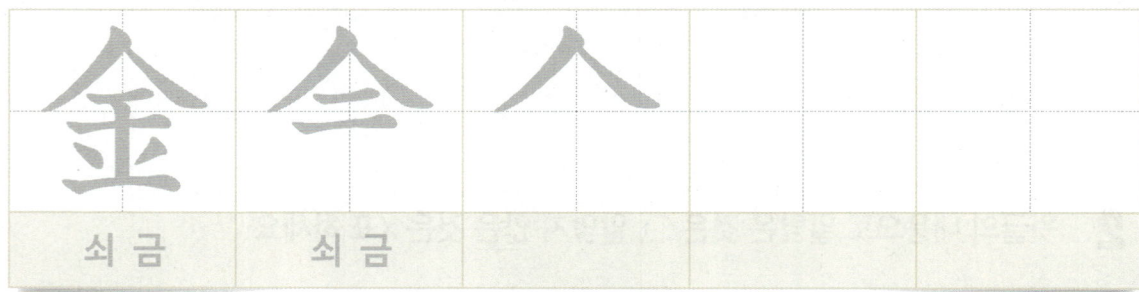

金	今	人			
쇠 금	쇠 금				

유래

 → 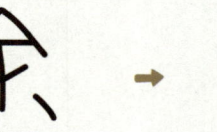 → 金

金은 '쇠', '금속'이라는 뜻을 가진 한자야.
그래서 金이 쓰일 때는 '금속'이나 '금속으로 만들어진
물건'과 관련된 의미를 전달해.

'금(金)'이 사용된 낱말에는 이런 것들이 있어요.

금속 金屬

황금 黃金

金
쇠금

저금 貯金

세금 稅金

'금(金)'이 사용된 위의 낱말 중 다음 뜻에 맞는 낱말은 무엇인지 써 보세요.

1 쇠붙이를 말해요. →

2 누런빛의 금을 말해요. →

3 돈을 모아 두는 것이나 모아 둔 돈을 말해요. →

4 국가가 국가를 운영하기 위해 국민에게 거두어들이는 돈을 말해요. →

1 다음 문장의 빈칸에 들어갈 알맞은 낱말을 찾아 색칠해 보세요.

(1) 여왕은 아름답게 빛나는 [   ] 왕관을 쓰고 있다.

> 세금   황금

(2) 나라에서 필요한 돈은 대부분 국민의 [   ]으로 모은다.

> 금속   세금

2 다음 문장의 빈칸에 들어갈 알맞은 낱말을 찾아 선으로 이어 보세요.

(1) 이 금고는 단단한 (   )으로 만들어져 있다.   •   • 저금

(2) 나는 명절에 받은 세뱃돈을 은행에 (   )하였다.   •   • 금속

 쓰기 활동

3 다음 낱말을 넣어 그림에 어울리는 문장을 써 보세요.

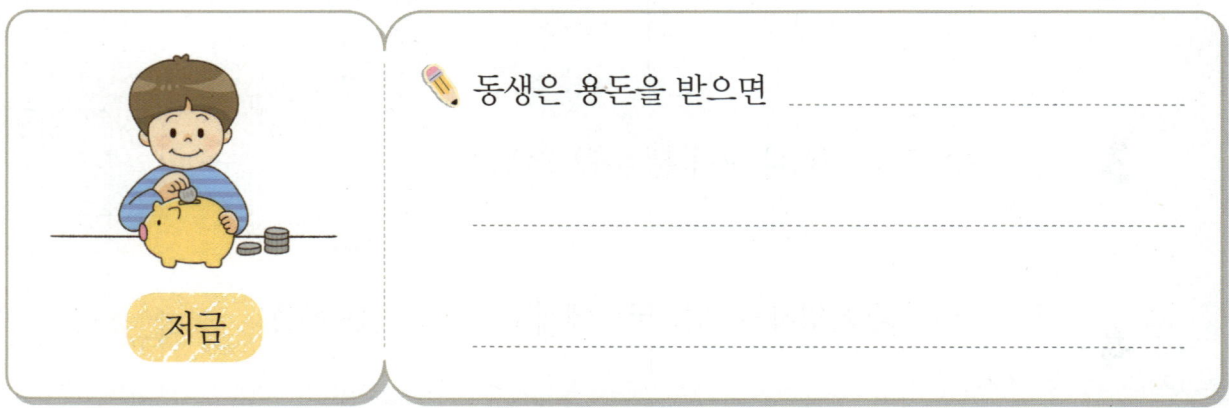

✏️ 동생은 용돈을 받으면 _____

_____

_____

저금

다음 글을 읽고 문제를 풀어 보세요.

> 돈을 모으는 가장 흔한 방법은 저금을 하는 것이에요. 돈은 저금하는 만큼 그대로 모이기 때문에 특별한 공부 없이도 손쉽게 시작할 수 있기 때문이죠.
> 단단한 ㉠쇠붙이들 중에 '황금 막대'를 사서 돈을 모으는 사람도 있어요. 다만 황금 막대를 살 때는 ㉡국가가 국민에게 거두어들이는 돈을 내야 해요. 황금 막대는 금의 가격이 오르면 황금 막대의 가격도 올라가서 돈을 모을 수 있답니다.

1 윗글의 ㉠, ㉡의 뜻을 가진 낱말을 써 보세요.

(1) ㉠: | ㄱ | ㅈ |

(2) ㉡: | ㅅ | ㄱ |

2 윗글의 내용으로 알맞은 것은 ○, 알맞지 <u>않은</u> 것은 X표 하세요.

(1) 황금 막대의 가격은 변하지 않는다. (○ ¦ ×)

(2) 저금은 사람들에게 가장 손쉬운 돈 모으기 방법이다. (○ ¦ ×)

(3) 황금 막대를 살 때는 국가가 국민에게 거두어들이는 돈을 내야 한다. (○ ¦ ×)

우리말 **관용어**

황금알을 낳는 거위
🔍 돈을 많이 버는 일을 비유적으로 이르는 말

붙임딱지

土 흙 토

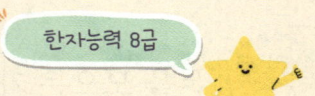

土

뜻	소리
흙	토

흙을 만지며 노는 건 참 재미있어.

맞아.

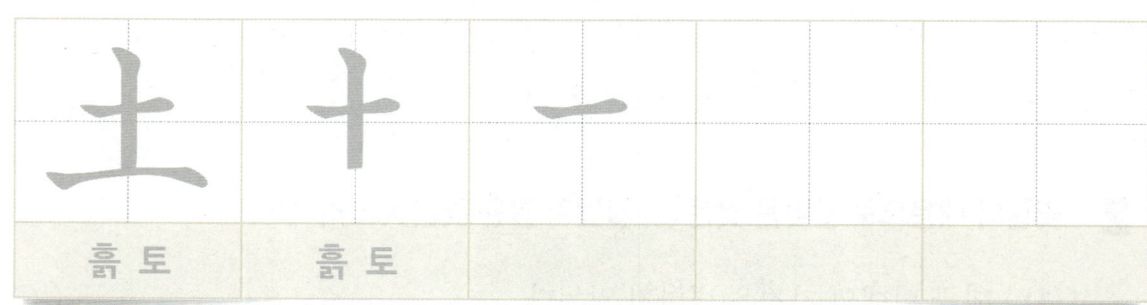

土	十	一		
흙 토	흙 토			

유래

 → 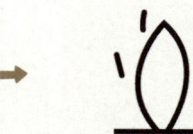 → 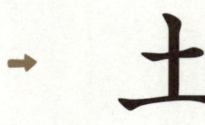 土

土는 '흙'이나 '땅', '장소'라는 뜻을 가진 한자야.
땅 위로 둥근 흙덩어리가 올라온 모습을 그려서 '흙'을 표현한 거래.

'토(土)'가 사용된 낱말에는 이런 것들이 있어요.

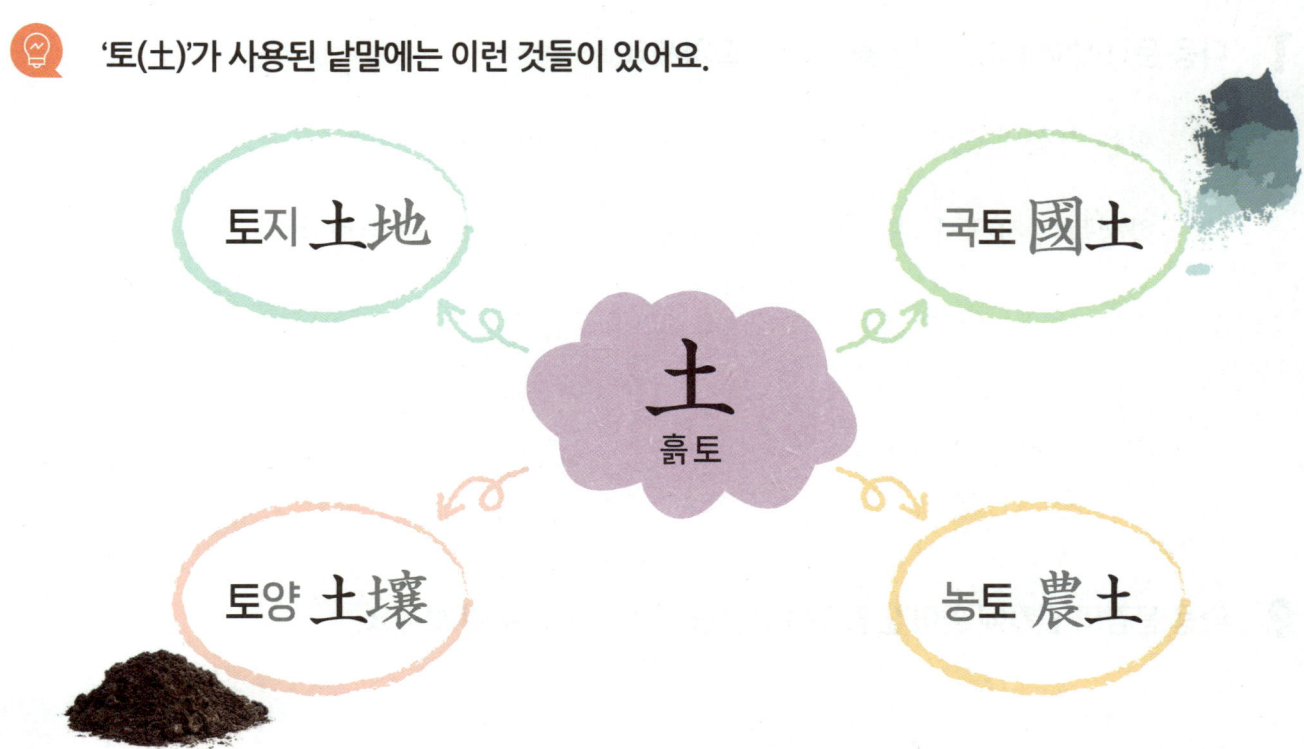

'토(土)'가 사용된 위의 낱말 중 다음 뜻에 맞는 낱말은 무엇인지 써 보세요.

1 나라의 땅을 말해요. →

2 농사를 짓는 땅을 말해요. →

3 사람이 생활하고 활동하는 땅을 말해요. →

4 지구의 가장 바깥쪽을 덮고 있는 흙을 말해요. →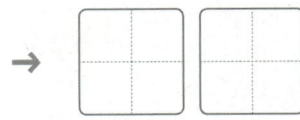

1 다음 문장에 어울리는 낱말을 골라 ○표 하세요.

(1) 형은 자신의 (국토 / 토지)에 허수아비를 세웠다.

(2) 학생들이 산에서 가져온 (토양 / 농토)을/를 운동장에 뿌렸다.

2 다음 문장의 빈칸에 들어갈 알맞은 낱말을 찾아 선으로 이어 보세요.

(1)
> 시우는 (   )에 콩을
> 심어서 농산물을 얻었다.

• 농토

(2)
> 독도는 역사적으로 우리의
> (   )임이 틀림없다.

• 국토

 쓰기 활동

3 다음 낱말을 넣어 그림에 어울리는 문장을 써 보세요.

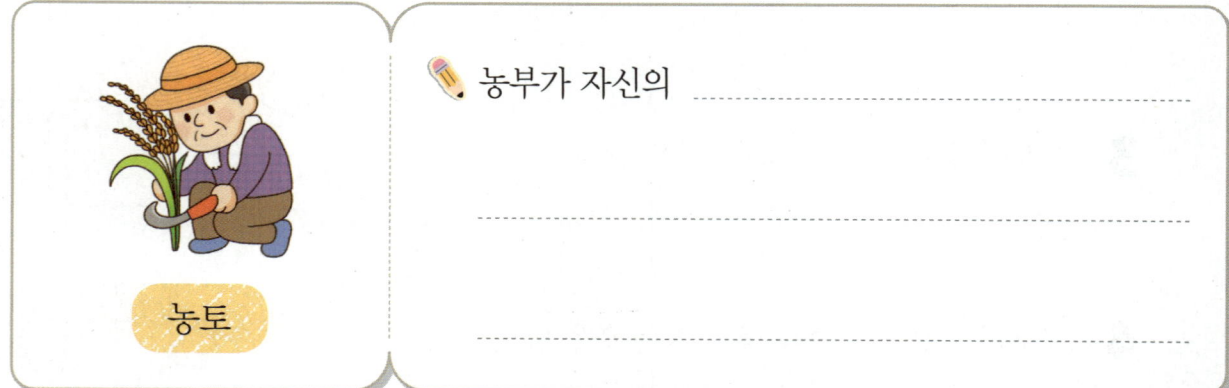

✏️ 농부가 자신의 _____

_____

_____

농토

📖 다음 글을 읽고 문제를 풀어 보세요.

농사를 지으려면 흙에 대해 잘 알아야 해요. 토지 적성 평가는 토지의 ㉠흙과 환경, 활용 가능성 등을 알아보고 ㉡우리나라의 땅을 어떻게 사용하고 발전시킬지 정하는 일을 말해요. 그리고 토양 조사는 여러 가지 토양을 과학적이고 꼼꼼한 방법으로 자세하게 살펴보는 것을 말해요. 나라에서는 '흙토람'이라는 인터넷 누리집을 만들어서 농토의 토양 정보, 토양 특성에 맞는 식물 등 흙에 대한 내용을 사람들이 볼 수 있게 모아 놓기도 했어요.

1 윗글의 ㉠, ㉡의 뜻을 가진 낱말을 써 보세요.

(1) ㉠: ㅌ ㅇ   (2) ㉡: ㄱ ㅌ

2 다음 설명에 알맞은 것을 찾아 선으로 이어 보세요.

(1) 여러 토양을 자세하게 살펴보는 일 •   • 흙토람

(2) 토지의 흙과 활용 가능성을 알아보는 일 •   • 토양 조사

(3) 농토의 토양 정보를 얻을 수 있는 인터넷 누리집 •   • 토지 적성 평가

우리말 관용어

흙 퍼서 장사할 순 없다
🔍 장사하는 사람이 장사할 때 자신도 돈이 남아야 한다는 뜻으로 하는 말

붙임딱지

한자 놀이

빈칸에 들어갈 알맞은 한자어를 써서 예쁜 꽃을 완성하세요.

방향

01 東 동녘 동 : 동해 동양 동부 동대문

02 西 서녘 서 : 서학 서양 서풍 대서양

03 南 남녘 남 : 남북 강남 남향 남극

04 北 북녘 북 : 북어 북한 북부 북극성

05 外 바깥 외 : 외모 소외 외출 해외

東 동녘 동

한자능력 8급

뜻	소리
동녘	동

동쪽. 해가 떠오르는 쪽

동쪽에서 해가 뜨고 있어요.

東	百	一		
동녘 동	동녘 동			

 **유래**

東은 '동쪽'이라는 뜻을 가진 한자야.
처음에 東은 보따리를 꽁꽁 묶어 놓은 모습을 그린 것이라
'묶다'나 '물건'을 뜻했는데, 나중에는 '동쪽'이라는 방향을 뜻하게 되었어.

💡 '동(東)'이 사용된 낱말에는 이런 것들이 있어요.

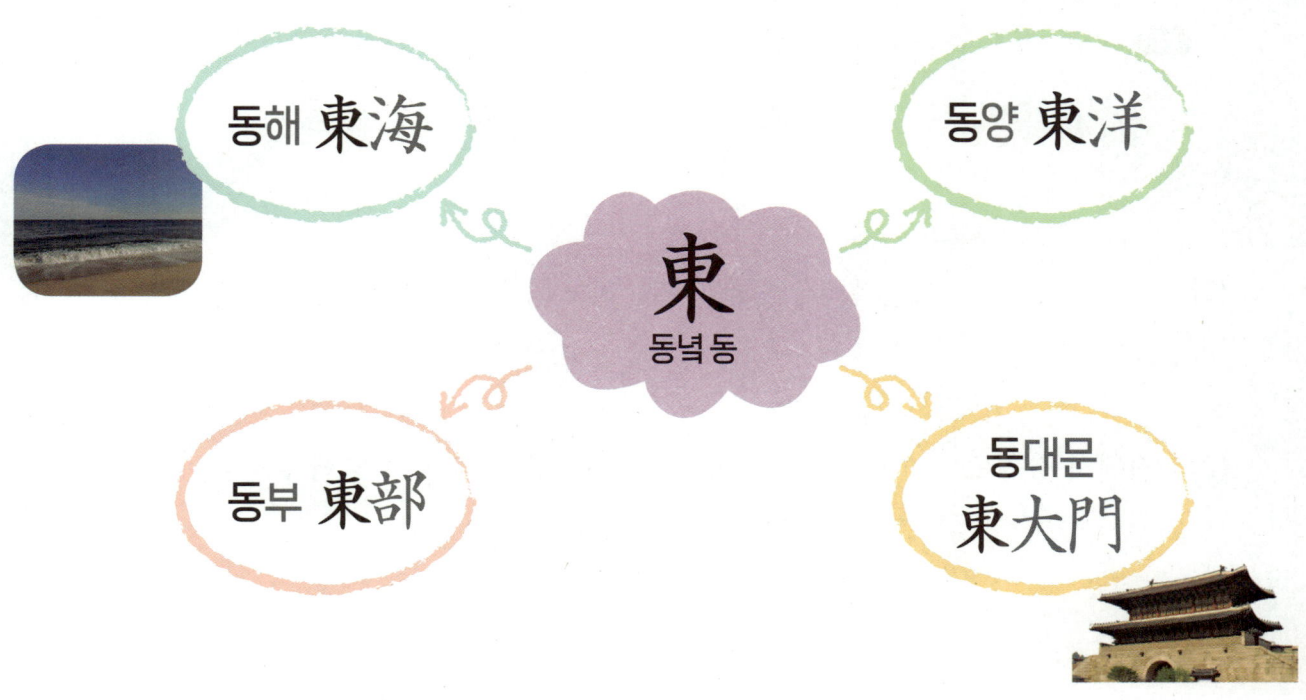

✏️ '동(東)'이 사용된 위의 낱말 중 다음 뜻에 맞는 낱말은 무엇인지 써 보세요.

1 우리나라 동쪽의 바다를 말해요.　→

2 어떤 지역의 동쪽 부분을 말해요.　→

3 아시아의 동쪽과 남쪽 부분을 말해요.　→

4 조선 시대 때 서울에 만든 성의 동쪽 정문을 말해요. →

1 '동(東)'이 들어간 보기 의 낱말 중 빈칸에 알맞은 낱말을 골라 써 보세요.

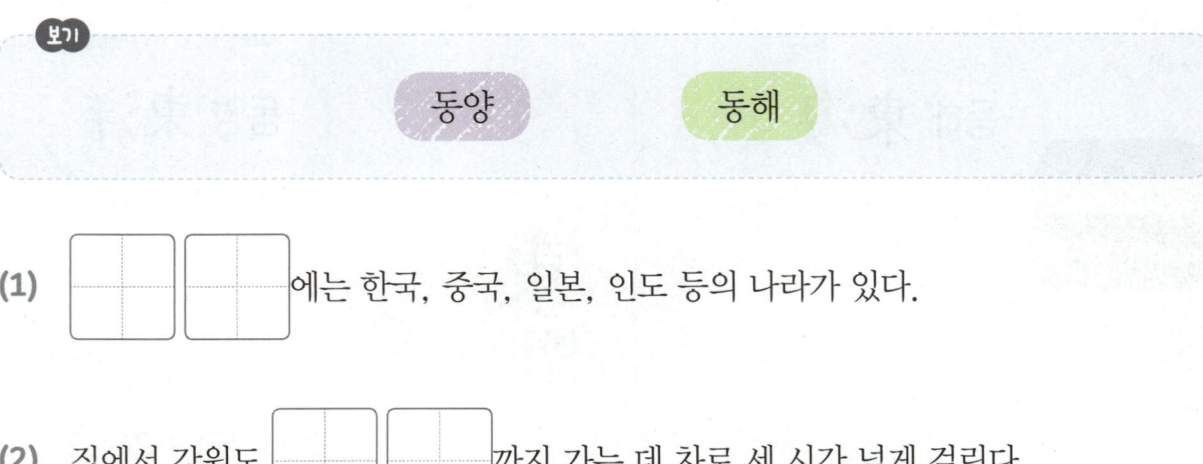

보기

동양   동해

(1) ⬜⬜ 에는 한국, 중국, 일본, 인도 등의 나라가 있다.

(2) 집에서 강원도 ⬜⬜ 까지 가는 데 차로 세 시간 넘게 걸린다.

2 다음 문장에 어울리는 낱말을 골라 ○표 하세요.

(1) (동부 / 동대문)은/는 조선 시대에 동쪽에 세운 문이다.

(2) 주말에 우리나라 (동양 / 동부) 지방에 비가 내린다고 하였다.

쓰기 활동

3 다음 낱말을 넣어 그림에 어울리는 문장을 써 보세요.

동해

_____ 바닷가를 산책할 것이다.

📖 다음 글을 읽고 문제를 풀어 보세요.

> 동대문 시장은 종로의 ㉠동쪽 부분에 있는 흥인문 근처에 세워졌어요. 시장 건물은 6·25 전쟁 때 부서졌으나, 그 뒤 주민들에게 생활필수품을 팔며 다시 사람들이 많이 찾는 곳이 되었어요.
>
> 　1959년에는 동대문 시장에 땅 삼만 육천 평 규모의 건물이 다시 세워졌고, 그때에는 ㉡아시아의 동쪽과 남쪽 부분의 가장 큰 시장이었어요. 최근에는 동대문 시장에서 동해 관광을 알리는 행사를 벌이기도 했어요.

1 윗글의 ㉠, ㉡의 뜻을 가진 낱말을 써 보세요.

(1) ㉠: [ㄷ] [ㅂ]　　　　(2) ㉡: [ㄷ] [ㅇ]

2 다음 빈칸에 알맞은 낱말을 넣어 '동대문 시장'의 특징을 정리해 보세요.

위치	(1) (　　　　)의 동쪽 부분
역사	6·25 전쟁을 겪은 뒤에 (2) (　　　　)을/를 팔며 찾는 사람들이 많아짐.
규모	1959년 당시에 (3) (　　　　)의 동쪽과 남쪽 부분에서 가장 큰 시장

우리말 **속담**

남대문에서 할 말을 동대문 가서 한다
🔍 말을 해야 할 자리에서는 하지 못하고 엉뚱한 자리에 가서 말을 한다는 말

붙임딱지

西 서녘 서

 한자능력 8급

 西

뜻	소리
서녘	서

↳ 서쪽, 해가 지는 쪽

해는 서쪽으로 진단다.

西	一			
서녘 서	서녘 서			

유래

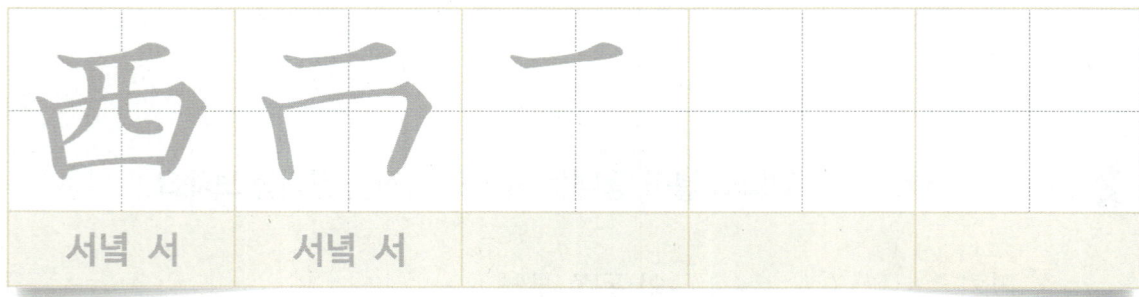

西는 '서쪽'이라는 뜻을 가진 한자야.
西는 새의 둥지를 그린 한자라서 처음에는 '새집'이나 '둥지'라는 뜻으로 쓰였지만,
나중에는 '서쪽'이라는 뜻으로 쓰이게 되었어.

'서(西)'가 사용된 낱말에는 이런 것들이 있어요.

'서(西)'가 사용된 위의 낱말 중 다음 뜻에 맞는 낱말은 무엇인지 써 보세요.

1 서쪽에서 불어오는 바람을 말해요. →

2 동양과 반대되는 유럽과 남북아메리카를 말해요. →

3 서양에 대해 공부하는 것 또는 그런 지식을 말해요. →

4 유럽·아프리카 대륙과 남북아메리카 대륙을 나누는 큰 바다를 말해요. →

1 다음 문장의 빈칸에 들어갈 알맞은 낱말을 찾아 색칠해 보세요.

(1) ☐ 의 문화는 우리 생활에 많은 영향을 주었다.

서양   서풍

(2) 산 위에 오르니 시원한 ☐ 이 이마의 땀을 닦아 주는 듯했다.

서풍   서학

2 다음 문장의 빈칸에 들어갈 알맞은 낱말을 찾아 선으로 이어 보세요.

(1) 내가 탄 비행기는 (   ) 위를 날고 있다. •

• 서학

(2) 그 남자는 동학과 (   ) 을 모두 공부하였다. •

• 대서양

 쓰기 활동

3 다음 낱말을 넣어 그림에 어울리는 문장을 써 보세요.

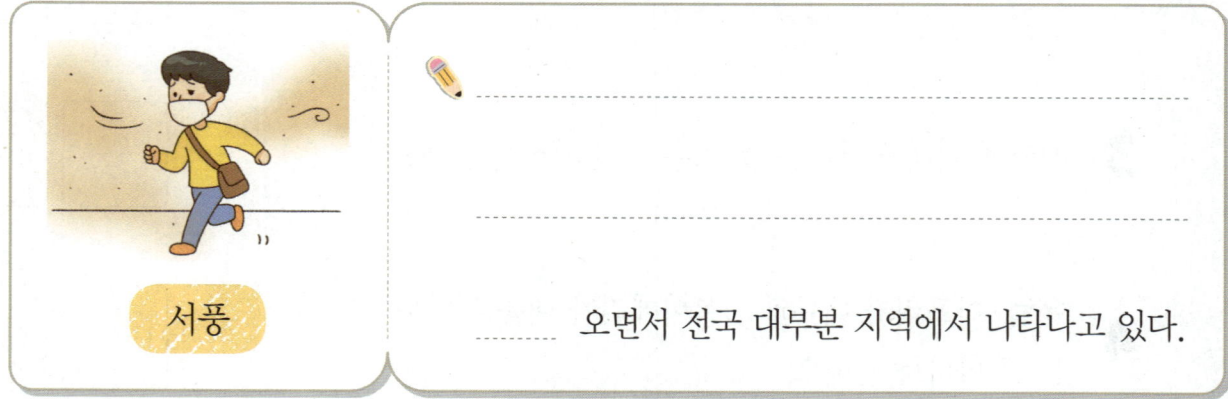

서풍

.... 오면서 전국 대부분 지역에서 나타나고 있다.

📖 다음 글을 읽고 문제를 풀어 보세요.

　　대서양에 있던 배에서 나온 기름이 ㉠<u>서쪽에서 불어오는 바람</u>을 타고 유럽 쪽으로 다가가고 있다. 유럽의 나라들은 기름을 없앨 배들을 보내며 환경 오염을 막기 위해 노력 중이다.

　　우리나라도 2007년에 서쪽 바다에 있던 배에서 기름이 나오는 사고로 힘든 시간을 보냈다. 서학이 시작된 ㉡<u>유럽과 남북 아메리카</u>의 여러 나라에서도 힘든 시간을 보내고 있다.

1 윗글의 ㉠, ㉡의 뜻을 가진 낱말을 써 보세요.

(1) ㉠: | ㅅ | ㅍ |

(2) ㉡: | ㅅ | ㅇ |

2 윗글을 읽고 난 뒤에 느낀 점을 알맞지 <u>않게</u> 말한 친구를 쓰세요.　　　（　　　　）

현석　배에서 나온 기름으로 인한 환경 오염이 걱정돼.

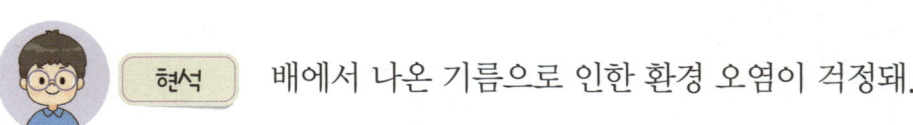
하준　서양에서는 우리나라의 기름을 없애는 방법을 배워야 해.

아영　우리나라가 예전에 겪었던 일이 유럽에서 일어나다니 안타까워.

우리말 속담

바다에 떨어진 바늘을 찾는 것 같다
🔍 바다에 떨어진 바늘을 찾으려 하듯이 이루기 어려운 것을 이루려고 힘쓰는 것을 이르는 말

붙임딱지

南 남녘 남

南

뜻   소리

남녘   남

↳ 남쪽

남쪽에 걸려 있는 종을 칠 거야.

南	冇	ナ		
남녘 남	남녘 남			

유래

 → 㬥 → 南

南은 '남쪽'이라는 뜻을 가진 한자로,
악기로 사용하던 종을 그린 것이래. 종이 남쪽에 걸려 있어서
'남쪽'을 뜻하게 되었다는 말도 있어.

'남(南)'이 사용된 낱말에는 이런 것들이 있어요.

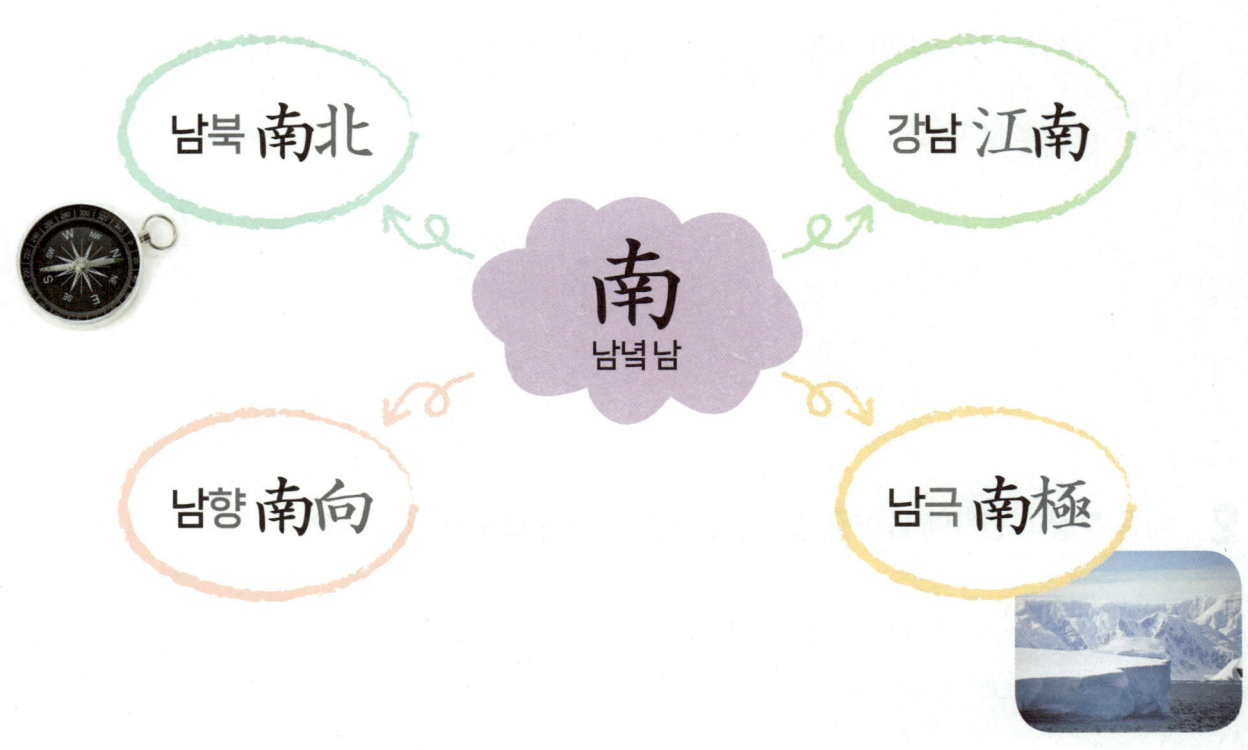

남북 南北

강남 江南

南
남녘 남

남향 南向

남극 南極

'남(南)'이 사용된 위의 낱말 중 다음 뜻에 맞는 낱말은 무엇인지 써 보세요.

1 강의 남쪽 지역을 말해요. →

2 지구의 남쪽 끝을 말해요. →

3 남쪽과 북쪽을 함께 말해요. →

4 남쪽으로 향하는 것이나 그 방향을 말해요. →

1 다음 문장에 어울리는 낱말을 골라 ○표 하세요.

(1) 그녀는 강북의 반대편인 (강남 / 남극)에 있는 회사에 다닌다.

(2) (남북 / 남향)은 대화를 통해 통일할 수 있는 길을 마련해야 한다.

2 다음 문장의 빈칸에 들어갈 알맞은 낱말을 찾아 선으로 이어 보세요.

(1) (   )은 지구에서 가장 추운 곳이다.   •   • 남향

(2) 우리 집은 (   )이기 때문에 햇빛이 잘 든다.   •   • 남극

3 다음 낱말을 넣어 그림에 어울리는 문장을 써 보세요.

남향

_____ 집에 살고 싶다.

📖 다음 글을 읽고 문제를 풀어 보세요.

> 장마 전선은 한반도 ㉠남쪽과 북쪽을 오르내리며 곳곳에 비를 뿌릴 것으로 보입니다. 지금 빗줄기가 가장 집중되는 곳은 서울시 강남구로, 시간당 30밀리미터가 넘는 강한 비가 내리고 있습니다.
> 강원도에서는 강한 비바람과 함께 바다에서는 매우 높은 물결이 일겠습니다. 전라도 곳곳에서도 비와 함께 남극처럼 춥고 빠른 바람이 몰아치겠습니다. 비구름은 내일 오전에 ㉡남쪽 방향으로 물러나면서 비가 그치겠습니다.

1 윗글의 ㉠, ㉡의 뜻을 가진 낱말을 써 보세요.

(1) ㉠: | ㄴ | ㅂ |

(2) ㉡: | ㄴ | ㅎ |

2 윗글에 나온 지역과 그 날씨를 찾아 선으로 이어 보세요.

(1) 강남 지역 •

(2) 강원도 지역 •

(3) 전라도 지역 •

• ㉮ 빗줄기가 집중되어 많은 비가 옴.

• ㉯ 비와 함께 춥고 빠른 바람이 몰아침.

• ㉰ 강한 비바람과 함께 바다에서 높은 물결이 일렁임.

우리말 **속담**

친구 따라 강남 간다
🔍 자신은 하고 싶지 않은데 남에게 끌려서 덩달아 하게 됨을 이르는 말

붙임딱지

北

뜻	소리
북녘	북

북쪽

우리 남쪽과 북쪽처럼 반대쪽을 바라보고 있네.

北	ㅕ	l			
북녘 북	북녘 북				

유래

 → 儿 → 北

北은 '북쪽'이라는 뜻으로,
두 사람이 서로 등을 맞댄 모습을 그린 한자래.

💡 '북(北)'이 사용된 낱말에는 이런 것들이 있어요.

✏️ '북(北)'이 사용된 위의 낱말 중 다음 뜻에 맞는 낱말은 무엇인지 써 보세요.

1 말린 명태를 말해요. →

2 어떤 지역의 북쪽 부분을 말해요. →

3 남북으로 나뉘어진 대한민국의 휴전선 북쪽 지역을 말해요. →

4 작은곰자리에서 가장 밝은 별을 말해요. →

1 다음 문장의 빈칸에 들어갈 알맞은 낱말을 찾아 색칠해 보세요.

(1) 아내는 남편을 위하여 [   ] (으)로 국을 끓였다.

> 북어   북극성

(2) 지난 주말 경기도 [   ] 지방에 많은 눈이 내렸다.

> 북부   북한

2 다음 문장에 어울리는 낱말을 골라 ○표 하세요.

(1) 그는 (북어 / 북한)에 방문하여 공연을 보았다.

(2) 북두칠성 앞에서 밝게 빛나는 별은 바로 (북부 / 북극성)이다.

3 다음 낱말을 넣어 그림에 어울리는 문장을 써 보세요.

북극성

_____

_____

_____ 소원을 빌었다.

📖 다음 글을 읽고 문제를 풀어 보세요.

> 명태는 우리나라 사람들이 즐겨 먹는 생선 중 하나로, 동해 ㉠북쪽 부분뿐만 아니라 ㉡휴전선 북쪽 지역, 일본, 러시아 등 추운 바다에서 잡힌다. 예전에는 명태가 북쪽 바다에서 많이 잡혀서 북어라고 부르기도 했다고 한다.
> 지금의 북어는 말린 명태를 말한다. 북어는 비린내가 나지 않고 원래의 모양이 그대로 유지되었기 때문에 사람들은 북극성을 보고 소원을 비는 것처럼 북어를 신에게 바치며 소원을 빌기도 하였다.

1 윗글의 ㉠, ㉡의 뜻을 가진 낱말을 써 보세요.

(1) ㉠:  (2) ㉡:

2 빈칸에 알맞은 말을 윗글에서 찾아 써 보세요.

> 옛날에 사람들이 '명태'를 '북어'라고 부른 까닭은 (   )에서 많이 잡혔기 때문이다.

우리말 속담

고양이한테 생선을 맡기다
🔍 어떤 일이나 사물을 믿지 못할 사람에게 맡겨 놓고 마음이 놓이지 않아 걱정함을 이르는 말

붙임딱지

外 바깥 외

바깥에 서서 거북으로 점을 쳐 보자.

外

뜻 바깥

소리 외

밖이 되는 곳

外	夕	ノ			
바깥 외	바깥 외				

유래

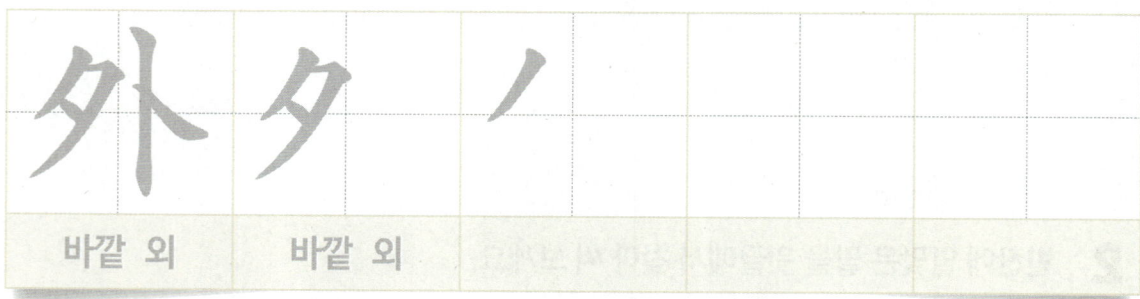

外는 '바깥'이나 '겉'을 뜻하는 한자야.
外는 夕(저녁 석)과 卜(점 복)이 만난 한자인데,
여기서 卜은 거북의 배딱지에 나타난 글자를 그린 것이래.

💬 '외(外)'가 사용된 낱말에는 이런 것들이 있어요.

외모 外貌

소외 疏外

外
바깥 외

외출 外出

해외 海外

✏️ '외(外)'가 사용된 위의 낱말 중 다음 뜻에 맞는 낱말은 무엇인지 써 보세요.

1 다른 나라를 말해요. →

2 겉으로 드러나 보이는 모양을 말해요. →

3 집에서 벗어나 잠시 밖으로 나가는 것을 말해요. →

4 어떤 무리에서 싫어하여 따돌리거나 멀리하는 것을 말해요. →

1 '외(外)'가 들어간 보기의 낱말 중 빈칸에 알맞은 낱말을 골라 써 보세요.

> 보기
>
> 소외   외출

(1) 나는 다리를 다쳐 동네 ⬜⬜ 을/를 못 하고 있다.

(2) 고은이는 전학 온 자신을 ⬜⬜ 하지 않은 친구들에게 고마웠다.

2 다음 문장에 어울리는 낱말을 골라 ○표 하세요.

(1) 사람의 (외모 / 외출)보다 중요한 건 성격이다.

(2) 요즘 (소외 / 해외)에서 휴가를 즐기려는 사람들이 늘었다.

 쓰기 활동

3 다음 낱말을 넣어 그림에 어울리는 문장을 써 보세요.

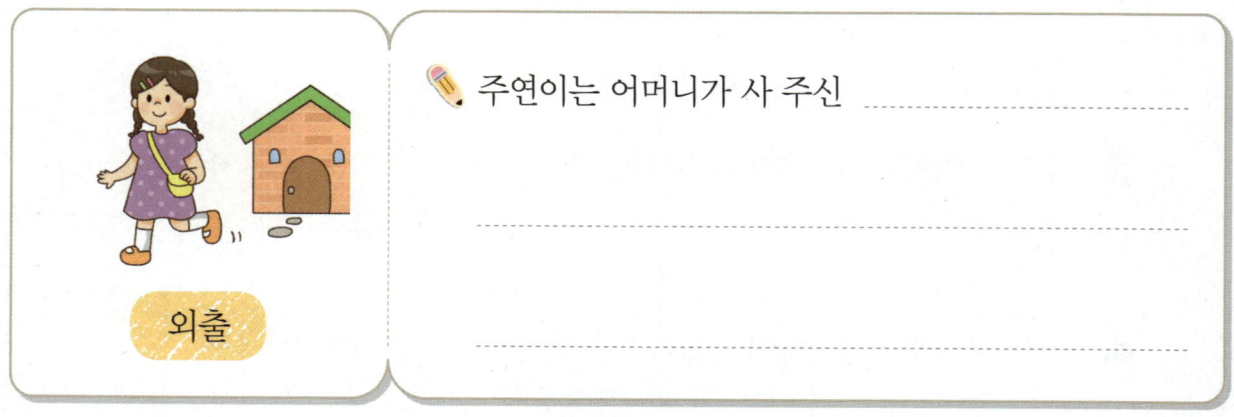

외출

✏️ 주연이는 어머니가 사 주신 _____

_____

_____

📖 다음 글을 읽고 문제를 풀어 보세요.

저는 ㉠다른 나라에서 대학교를 졸업하고 5년째 영어 수업을 하고 있는 김○○ 선생님이에요. 수업은 소외되는 학생이 없게 두 명 정도로 이루어져요. 정해진 수업 시간에는 ㉡집에서 잠시 밖으로 나가는 것을 하지 말고 미리 앉아서 수업 준비를 해 주세요.

단정한 외모만큼 훌륭한 영어 실력을 가지고 싶은 친구들, 저와 같이 공부하고 싶다면 선생님 연락처로 전화 주세요!

1 윗글의 ㉠, ㉡의 뜻을 가진 낱말을 써 보세요.

(1) ㉠: | ㅎ | ㅎ |

(2) ㉡: | ㅇ | ㅊ |

2 윗글의 내용으로 알맞은 것은 ○, 알맞지 <u>않은</u> 것은 X표 하세요.

(1) 김○○ 선생님은 학생들에게 영어를 가르친다. (○ ┊ ×)

(2) 학생들은 수업 시작 전에 수업 준비를 해야 한다. (○ ┊ ×)

(3) 김○○ 선생님은 다른 나라와 우리나라를 오가며 수업을 한다. (○ ┊ ×)

우리말 속담

호랑이 없는 동산에 토끼가 왕 노릇 한다
🔍 뛰어난 사람이 없는 곳에서 훌륭하지 않은 사람이 힘을 가지는 상황을 이르는 말

붙임딱지

한자 놀이

이름에 알맞은 한자를 찾아야 친구들이 집에 갈 수 있어요.
알맞은 한자를 찾아 색칠해 보세요.

남녘 남

동녘 동

서녘 서

바깥 외

向　洋　西　貌
南　門　風　外
江　東　北　魚

사람

01 人 사람 인 : 인상 애인 상인 거인

02 母 어머니 모 : 이모 부모 모녀 장모

03 父 아버지 부 : 부친 조부 부자 숙부

04 兄 형 형 : 형수 친형 형제 학부형

05 弟 아우 제 : 처제 제수 자제 제자

06 女 여자 녀(여) : 여왕 해녀 자녀 효녀

07 生 날 생 : 인생 선생 학생 출생

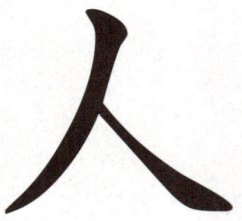

人

뜻	소리
사람	인

한 사람이 팔을 내리고 서 있네.

人	人	ノ			
사람 인	사람 인				

유래

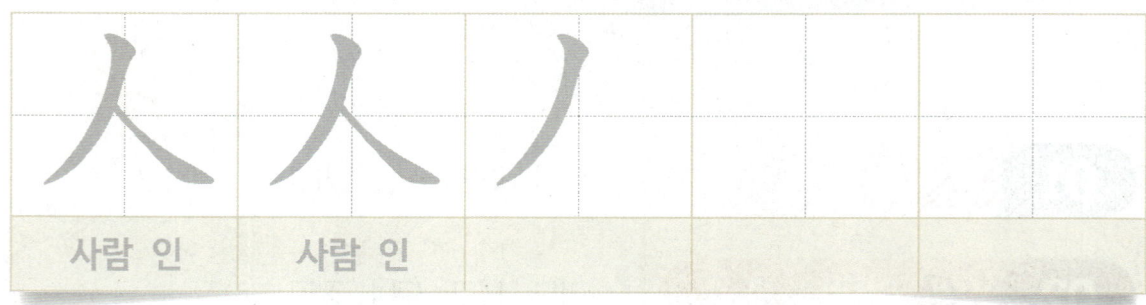

人은 '사람'이라는 뜻을 가진 한자야.
사람이 팔을 지긋이 내리고 있는 모습을 그려서 만든 거래.

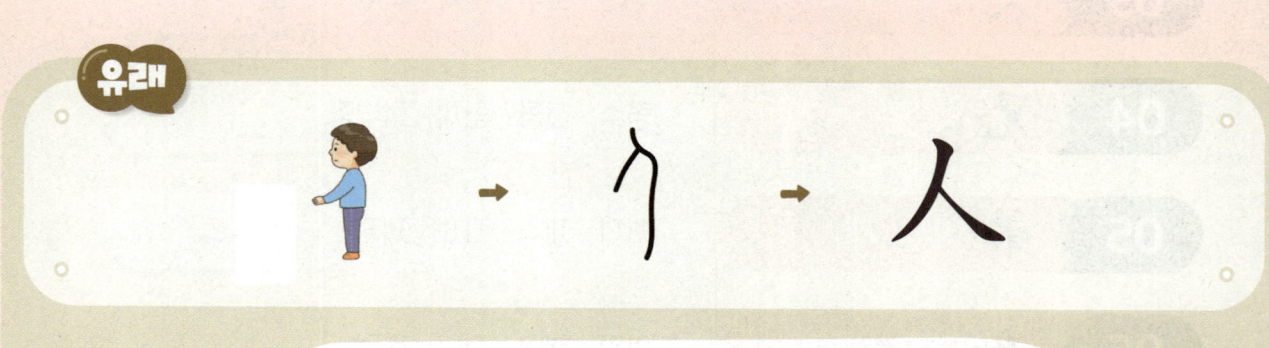

💡 '인(人)'이 사용된 낱말에는 이런 것들이 있어요.

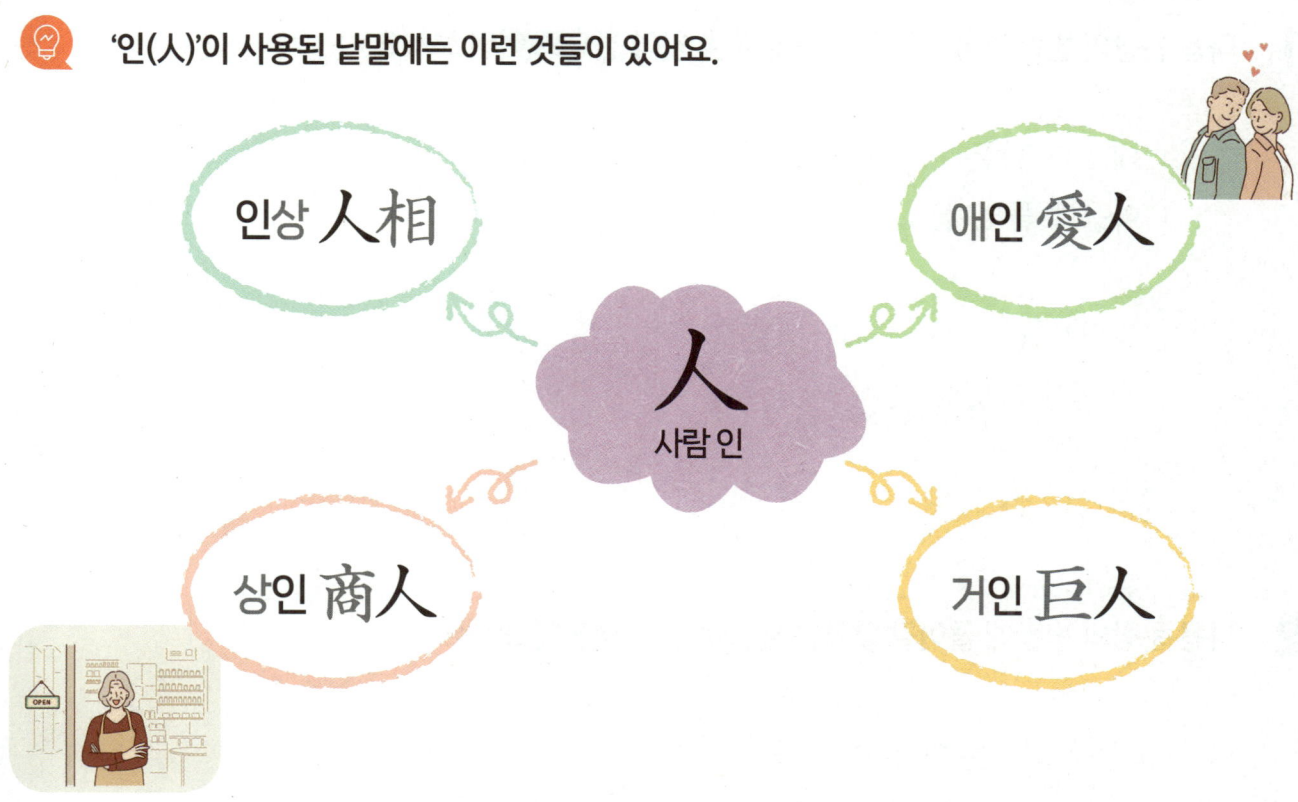

인상 人相

애인 愛人

人
사람 인

상인 商人

거인 巨人

✏️ '인(人)'이 사용된 위의 낱말 중 다음 뜻에 맞는 낱말은 무엇인지 써 보세요.

1 몸이 아주 큰 사람을 말해요. →

2 물건을 파는 일을 직업으로 하는 사람을 말해요. →

3 서로 애정을 나누며 마음속 깊이 사랑하는 사람을 말해요. →

4 사람 얼굴의 생김새 또는 그 얼굴의 근육이나 눈썹 사이 주름을 말해요. →

1 다음 문장의 빈칸에 들어갈 알맞은 낱말을 찾아 선으로 이어 보세요.

(1) 태호의 밝은 (   )이 마음에 들었다. ·

· 애인

(2) 그녀는 (   )과 결혼을 앞두고 있다. ·

· 인상

2 다음 문장의 빈칸에 들어갈 알맞은 낱말을 찾아 색칠해 보세요.

(1) 그 농구 선수는 키가 2미터가 넘는 [   ]이다.

거인   애인

(2) 시장 안은 손님에게 물건을 파는 [   ]들로 매우 시끄러웠다.

애인   상인

3 다음 낱말을 넣어 그림에 어울리는 문장을 써 보세요.

상인

_____

_____

_____ 판매하고 있다.

📖 다음 글을 읽고 문제를 풀어 보세요.

　안녕하세요? 새로 생긴 도넛 가게 거인 도넛의 주인입니다! 저는 도넛으로 사람들에게 행복을 전하는 상인이 되고 싶습니다.

　거인 도넛은 다른 도넛 크기의 2배 정도 되고, 도넛 안에는 제가 직접 만든 크림이 가득 들어 있습니다. ㉠마음속 깊이 사랑하는 사람과 함께하는 시간처럼 달콤한 도넛, 찌푸린 ㉡얼굴의 근육이나 눈썹 사이 주름을 펴게 할 맛있는 도넛을 만들어 행복을 전하겠습니다.

1 윗글의 ㉠, ㉡의 뜻을 가진 낱말을 써 보세요.

(1) ㉠: [ㅇ | ㅇ]

(2) ㉡: [ㅇ | ㅅ]

2 윗글에 대한 설명으로 알맞지 <u>않은</u> 것은 어느 것인가요?　　　　　　　　(　　　)

① 거인 도넛 안에는 주인이 직접 사 온 크림이 들어 있다.
② 거인 도넛은 다른 가게의 도넛보다 두 배 정도 더 크다.
③ 거인 도넛의 주인은 도넛을 만들어 사람들에게 행복을 전하고 싶어 한다.

우리말 관용어

인상을 쓰다
🔍 사람이 마음에 들지 않아서 험악한 표정이나 좋지 않은 표정을 짓는 것을 이르는 말

붙임딱지

한자능력 8급

母

뜻	소리

어머니 모

> 엄마는 인선이를 아주 많이 사랑해.

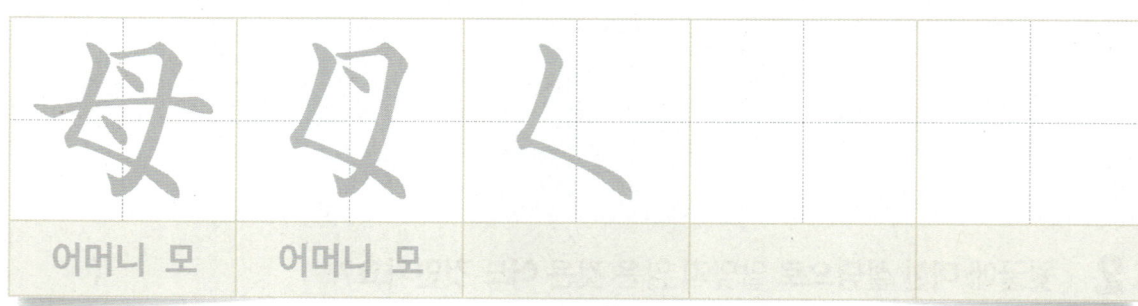

어머니 모	어머니 모

유래

 →  → 母

母는 '어머니'를 뜻하는 한자야.
다소곳이 앉아 있는 여성의 가슴 부위에 점을 찍어 아기에게 젖을 먹이고 있는
어머니의 모습을 그린 거래.

'모(母)'가 사용된 낱말에는 이런 것들이 있어요.

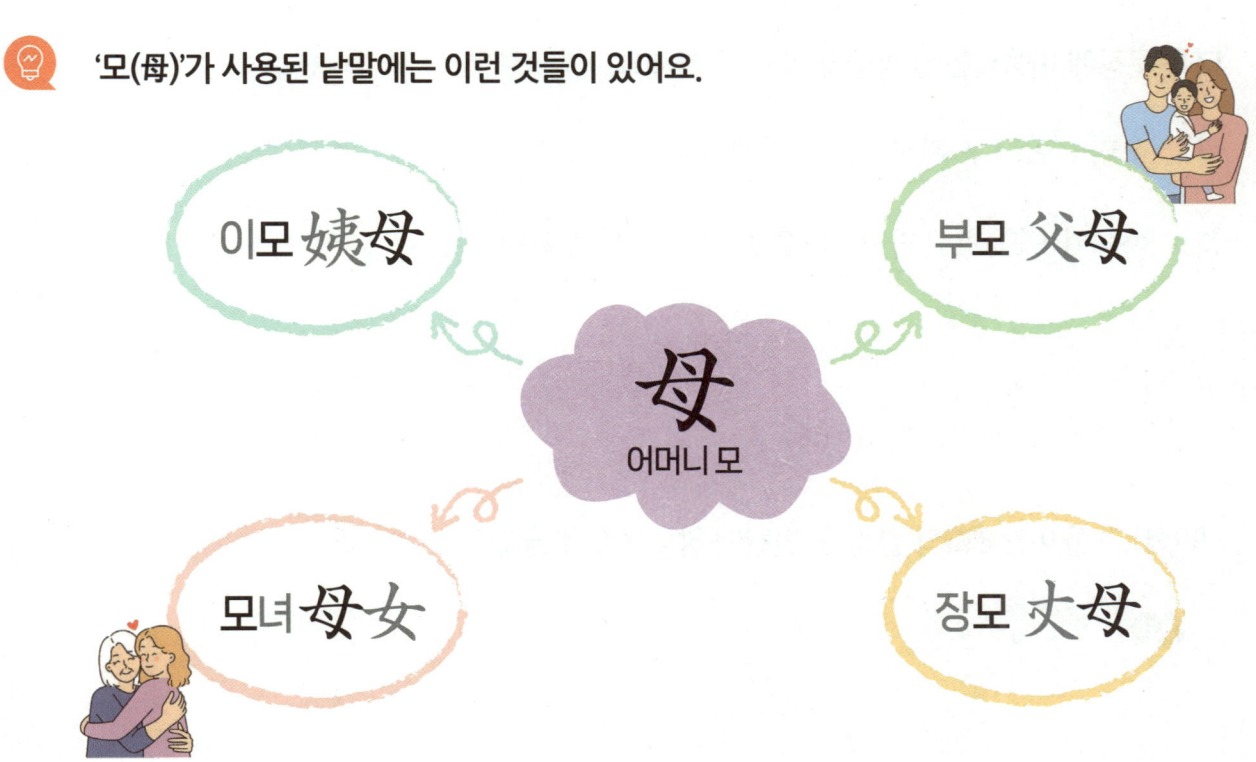

이모 姨母

부모 父母

母
어머니 모

모녀 母女

장모 丈母

'모(母)'가 사용된 위의 낱말 중 다음 뜻에 맞는 낱말은 무엇인지 써 보세요.

1 아내의 어머니를 말해요. →

2 어머니와 딸을 함께 말해요. →

3 어머니의 여자 형제를 말해요. →

4 아버지와 어머니를 함께 말해요. →

1 다음 문장에 어울리는 낱말을 골라 ○표 하세요.

(1) 우리 (이모 / 부모)는 시골에서 혼자 사신다.

(2) 아내가 (모녀 / 장모)님을 모시고 집으로 왔다.

2 '모(母)'가 들어간 보기의 낱말 중 빈칸에 알맞은 낱말을 골라 써 보세요.

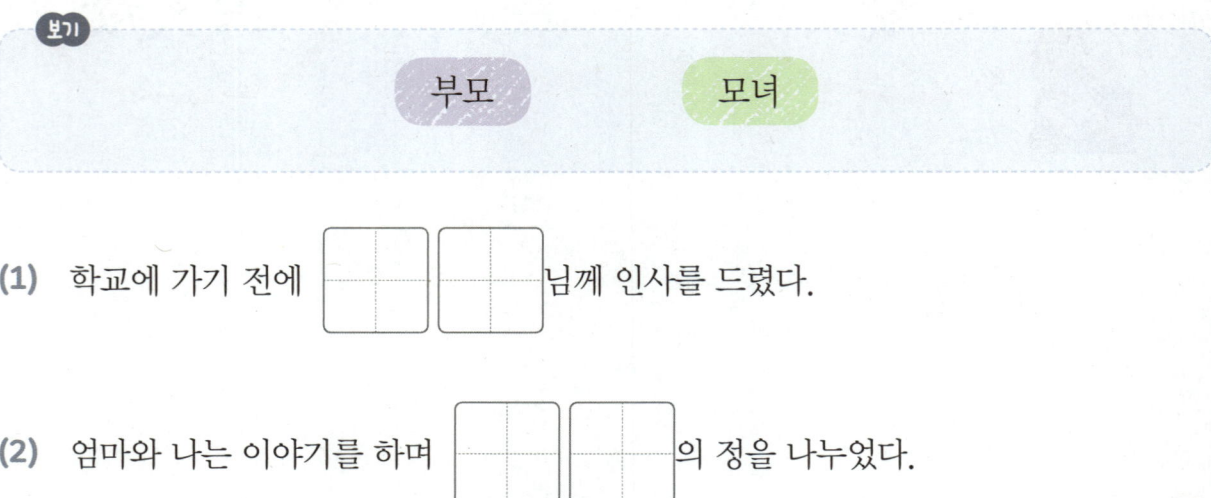

보기

부모   모녀

(1) 학교에 가기 전에 ☐☐님께 인사를 드렸다.

(2) 엄마와 나는 이야기를 하며 ☐☐의 정을 나누었다.

쓰기 활동

3 다음 낱말을 넣어 그림에 어울리는 문장을 써 보세요.

부모

카네이션을 달아 드렸다.

📖 다음 글을 읽고 문제를 풀어 보세요.

> 엄마, 아빠! 아기의 ㉠아버지와 어머니가 되어 아기 키우기 힘드시죠? 전 백일까지 키는 10~15센티미터는 더 커야 하고, 몸무게는 태어났을 때보다 두 배 이상이 되어야 잘 지낼 수 있어요.
>
> 아빠! 전 밤에는 성장 호르몬이 나와서 뼈가 늘어나 아프고 울음이 나요. 저를 장모님께만 맡겨 두시지 말고 저를 안아 주세요.
>
> 엄마! 제가 너무 작다는 ㉡어머니의 여자 형제의 말에 걱정하셨죠? 저도 빨리 커서 엄마와 모녀간의 이야기를 하고 싶어요.

1 윗글의 ㉠, ㉡의 뜻을 가진 낱말을 써 보세요.

(1) ㉠: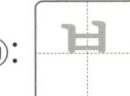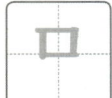

(2) ㉡: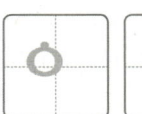

2 윗글을 읽고 알맞은 내용을 찾아 선으로 이어 보세요.

(1) 키 •   • ㉮ 밤에 나와서 아프게 함.

(2) 몸무게 •   • ㉯ 백일까지 두 배가 되어야 함.

(3) 성장 호르몬 • • ㉰ 백일까지 10~15센티미터가 커야 함.

우리말 **속담**

부모 말을 들으면 자다가도 떡이 생긴다
🔍 부모의 말을 잘 들으면 좋은 일이 생긴다는 말

붙임딱지

한자능력 8급

父

아버지가 서 계시네.

뜻   **소리**

아버지   부

父	父			
아버지 부	아버지 부			

유래

父는 '아버지'라는 뜻을 가진 한자야.
父는 손에 막대기를 들고 있는 모습을 그린 것으로,
원래 모임의 '어른'을 뜻했었지만, 그 뒤 집안의 어른인 '아버지'를 뜻하게 되었대.

💡 '부(父)'가 사용된 낱말에는 이런 것들이 있어요.

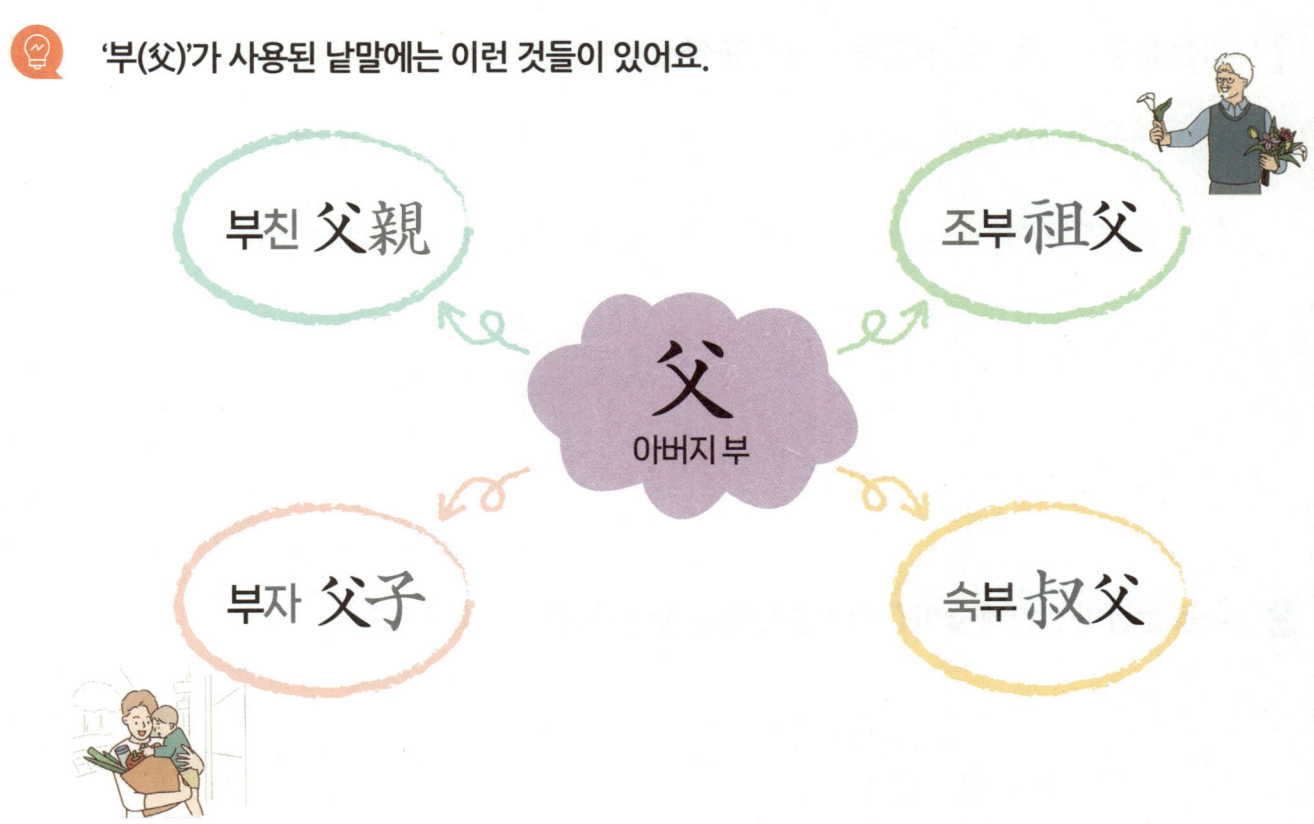

부친 父親

조부 祖父

父
아버지부

부자 父子

숙부 叔父

✏️ '부(父)'가 사용된 위의 낱말 중 다음 뜻에 맞는 낱말은 무엇인지 써 보세요.

1 '아버지'를 정중히 말해요. →

2 부모님의 아버지를 말해요. →

3 아버지의 남동생을 말해요. →

4 아버지와 아들을 함께 말해요. →

1 다음 문장에 어울리는 낱말을 골라 ○표 하세요.

(1) 아들과 아버지는 운동을 하며 (숙부 / 부자)간의 추억을 쌓았다.

(2) (조부 / 부친)은/는 자신의 누나인 큰고모에게 항상 고마워하셨다.

2 다음 문장의 빈칸에 들어갈 알맞은 낱말을 찾아 선으로 이어 보세요.

(1) ( )는 형제인 아버지와 매우 닮으셨다. •

• 숙부

(2) ( )님께서 손자가 태어났다고 기뻐하셨다. •

• 조부

 쓰기 활동

3 다음 낱말을 넣어 그림에 어울리는 문장을 써 보세요.

조부

✏️ _____

_____

_____ 읽어 주셨다.

다음 글을 읽고 문제를 풀어 보세요.

지난주 토요일에 아버지와 함께 조부를 만나 뵈러 시골집에 갔다. 아버지와 조부는 항상 사이 좋은 ㉠아버지와 아들이었다. 아버지께서는 부친이 자신이 가장 존경하는 분이라고 말씀하시곤 하셨다. 우리가 왔다는 소식을 듣고 ㉡아버지의 남동생도 오셨다. 오랜만에 같이 모여 맛있는 음식을 먹고 이야기를 하며 즐거운 시간을 보냈다.

1 윗글의 ㉠, ㉡의 뜻을 가진 낱말을 써 보세요.

(1) ㉠: | ㅂ | ㅈ |

(2) ㉡: | ㅅ | ㅂ |

2 윗글의 내용으로 알맞은 것은 ○, 알맞지 않은 것은 X표 하세요.

(1) '나'의 조부는 시골집에 살고 계신다. (○ ┊ ×)

(2) '나'와 아버지는 지난주 토요일에 조부를 만났다. (○ ┊ ×)

(3) 아버지가 가장 존경하는 사람은 자신의 어머니이다. (○ ┊ ×)

우리말 속담

그 아버지에 그 아들
🔍 아들이 여러 면에서 아버지를 닮았을 경우를 이르는 말

붙임딱지

兄 형 형

한자능력 8급

| 뜻 | 소리 |

형 · **형**

남자 형제 중 나이가 많은 사람

우리 형은 책 읽기를 좋아해.

兄	口	丶		
형 형	형 형			

유래

 →  → 兄

兄은 '형'이라는 뜻을 가진 한자야.
兄은 儿(어진사람 인)에 口(입 구)가 합쳐진 한자로,
하늘을 향해 입을 크게 벌리고 있는 사람이 글을 읽는 모습을 표현한 것이래.

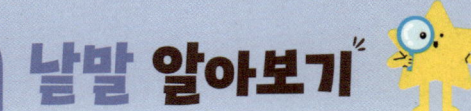
'형(兄)'이 사용된 낱말에는 이런 것들이 있어요.

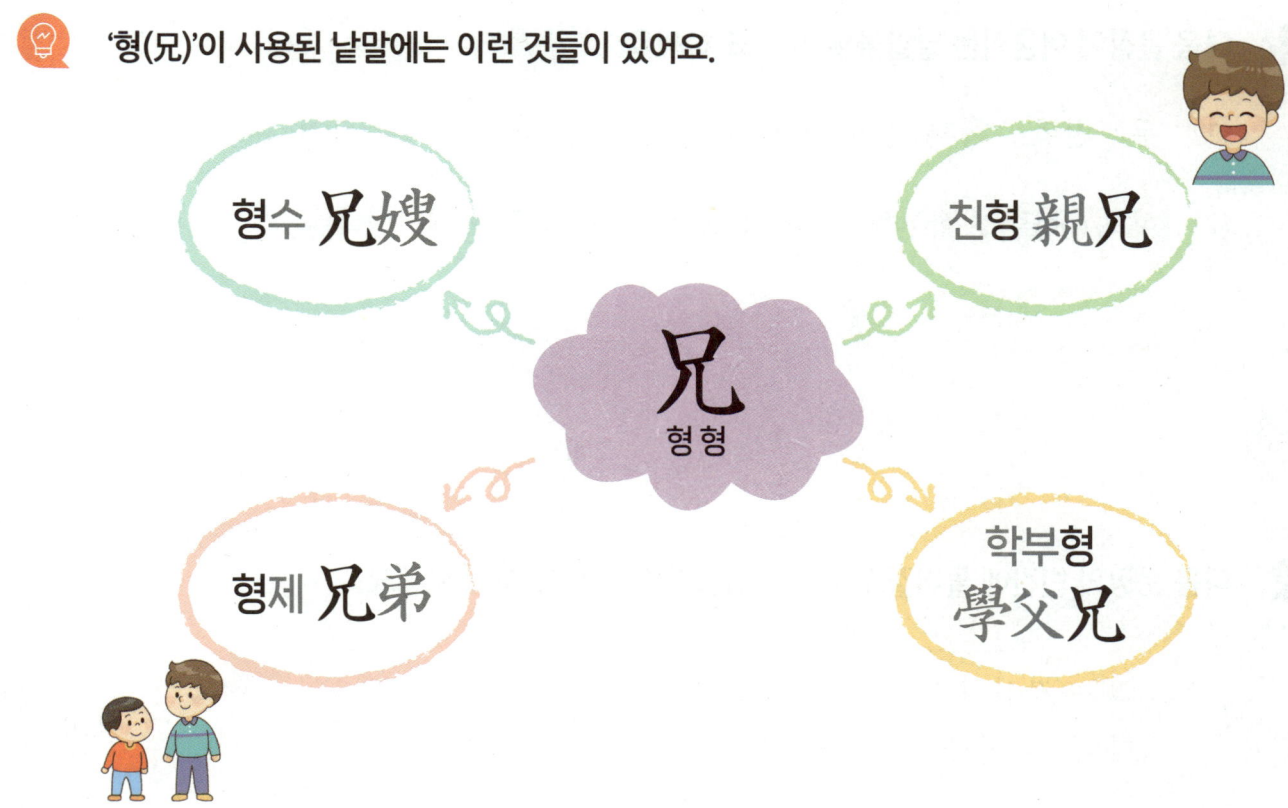

형수 兄嫂

친형 親兄

兄
형 형

형제 兄弟

학부형 學父兄

'형(兄)'이 사용된 위의 낱말 중 다음 뜻에 맞는 낱말은 무엇인지 써 보세요.

1 형과 동생을 말해요. →

2 형의 아내를 말해요. →

3 같은 부모에게서 태어난 형을 말해요. →

4 학생을 보호할 책임을 가지고 있는 사람을 말해요. →

1 다음 문장에 어울리는 낱말을 골라 ○표 하세요.

(1) 두 (친형 / 형제)은/는 부모님의 말씀을 잘 따랐다.

(2) 형과 (형수 / 학부형) 부부가 저녁 식사에 나를 초대하였다.

2 다음 문장의 빈칸에 들어갈 알맞은 낱말을 찾아 선으로 이어 보세요.

(1) 그는 자신의 (   )보다 두 살 어리다. ·   · 친형

(2) 학생과 (   ), 교사가 힘을 모아야 행복한 학교를 만들 수 있다. ·   · 학부형

 쓰기 활동

3 다음 낱말을 넣어 그림에 어울리는 문장을 써 보세요.

학부형

✏️ 학교에 공개 수업을 보러 온 _____

_____

_____

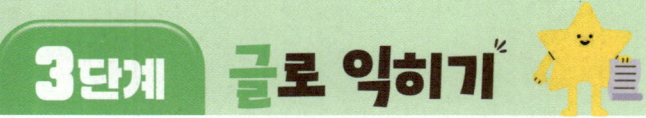

정답과 해설 • 09쪽

📖 다음 글을 읽고 문제를 풀어 보세요.

친형과 ㉠형의 아내는 올해 처음으로 초등학생 학부형이 되었다. 형은 학교에 첫 상담을 갔다 오더니, 선생님께서 형의 아들을 많이 칭찬했다며 기뻐하였다. 조카는 수업에 적극적으로 참여하고, 친한 친구와 ㉡형과 동생처럼 사이좋게 잘 지낸다고 한다. 하지만 발표할 때에는 부끄러워해서, 자신 있는 자세를 가지면 좋겠다고 이야기하였다.

1 윗글의 ㉠, ㉡의 뜻을 가진 낱말을 써 보세요.

(1) ㉠: ⬜ ㅎ | ⬜ ㅅ

(2) ㉡: ⬜ ㅎ | ⬜ ㅈ

2 다음 빈칸에 알맞은 낱말을 넣어 '형'이 학교에 다녀와서 기분이 좋았던 까닭을 써 보세요.

형은 자신의 아들이 **(1)** (　　　) 태도가 좋고 **(2)** (　　　)와/과 잘 지낸다는 이야기를 들어서 기분이 좋았다.

우리말 **속담**

형만 한 아우(동생) 없다
🔍 모든 일에 있어 동생이 형보다 못하다는 말

붙임딱지

弟 아우 제

한자능력 8급

弟

뜻	소리
아우	제

↳ 남동생

아우야, 줄 묶을 때 손을 조심하렴.

弟	弟	⸜		
아우 제	아우 제			

유래

弟는 '아우'라는 뜻을 가진 한자로, 나무 토막에 줄을 감은 모습을 그린 것이야. 나무 토막에 순서대로 줄을 묶기 때문에 형제간의 나중 순서라는 의미에서 '아우'를 뜻하게 되었대.

'제(弟)'가 사용된 낱말에는 이런 것들이 있어요.

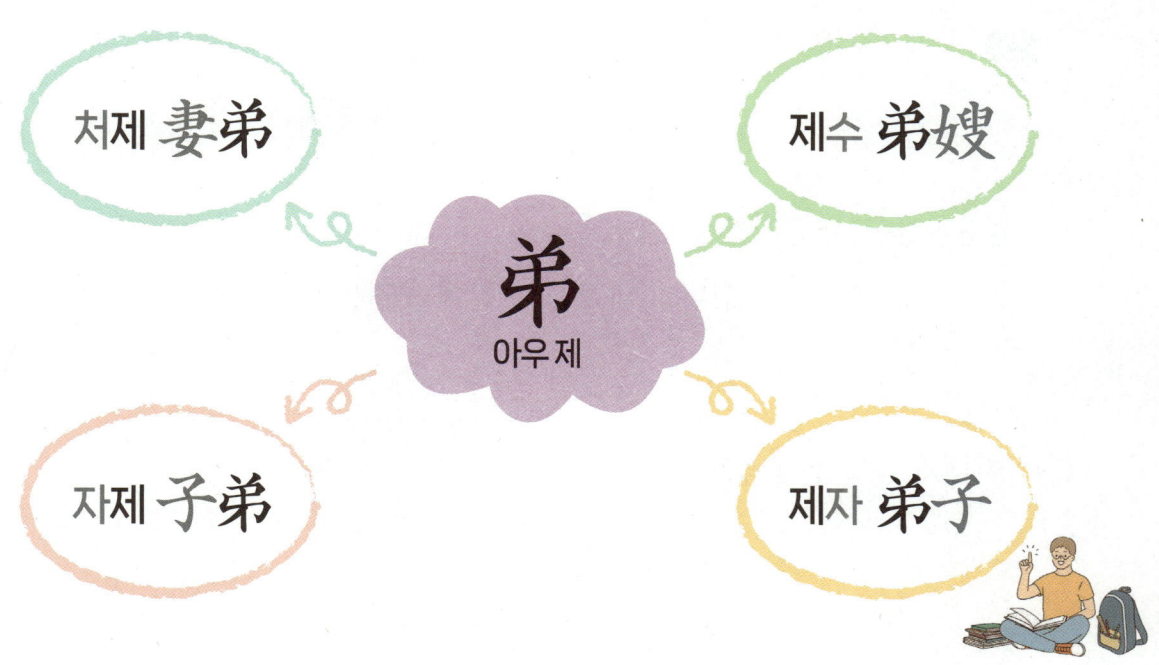

처제 妻弟

제수 弟嫂

弟
아우 제

자제 子弟

제자 弟子

'제(弟)'가 사용된 위의 낱말 중 다음 뜻에 맞는 낱말은 무엇인지 써 보세요.

1 남동생의 아내를 말해요. →

2 아내의 여자 동생을 말해요. →

3 남의 아들을 높여 이르는 말을 말해요. →

4 선생님으로부터 가르침을 받은 사람을 말해요. →

1 '제(弟)'가 들어간 <보기>의 낱말 중 빈칸에 알맞은 낱말을 골라 써 보세요.

<보기>

자제   처제

(1) ☐☐ 는 언니인 내 아내와 같이 꽃집을 열었다.

(2) 자네가 교장 선생님의 하나뿐인 ☐☐ 가 맞는가!

2 다음 문장에 어울리는 낱말을 골라 ○표 하세요.

(1) 그들은 선생님과 (제자 / 자제) 사이이다.

(2) 동생과 동생의 아내인 (처제 / 제수)가 조카에게 선물을 주었다.

 쓰기 활동

3 다음 낱말을 넣어 그림에 어울리는 문장을 써 보세요.

제자

✏️ _____

_____

_____ 감사의 의미로 꽃다발을 선물했다.

📖 **다음 글을 읽고 문제를 풀어 보세요.**

아버지의 중학교 때 담임 선생님이셨던 조 선생님께는 세 명의 자녀가 있다. 형제인 민호와 민준 그리고 막내딸인 민아이다.

올해 3월에 조 선생님의 자제인 민준 군과 조 선생님에게 ㉠가르침을 받은 사람인 수민 양이 결혼을 했다. 이 결혼으로 민호 군에게는 ㉡남동생의 아내가 생겼고, 민준 군에게는 처제 수아 양이 생겼다. 우리 가족은 결혼식에 가서 결혼을 축하해 주었다.

1 윗글의 ㉠, ㉡의 뜻을 가진 낱말을 써 보세요.

(1) ㉠: | ㅈ | ㅈ |

(2) ㉡: | ㅈ | ㅅ |

2 윗글에 대한 설명으로 알맞은 것은 무엇인가요? ( )

① 수아 양과 민아 양은 자매이다.
② 조 선생님에게는 세 명의 아들이 있다.
③ 민준 군과 수민 양은 올해 3월에 결혼했다.

우리말 속담 🔗

자식을 보기엔 아버지만한 눈이 없고 제자를 보기엔 선생님만한 눈이 없다
🔍 자식에 대해서는 부모가 잘 알고 제자에 대해서는 선생님이 잘 알고 있다는 말

붙임딱지

女 여자 녀(여)

한자능력 8급

女

뜻	소리

여자 녀(여)

저 여자는
내 친구의 동생이다.

女	夕	く			
여자 녀(여)	여자 녀(여)				

유래

 → 它 → 女

女는 '여자'라는 뜻을 가진 한자야.
여자가 손을 앞으로 모으고 무릎을 꿇고 앉아 있는 모양을 그린 것이래.

정답과 해설 · 10쪽

💡 '녀/여(女)'가 사용된 낱말에는 이런 것들이 있어요.

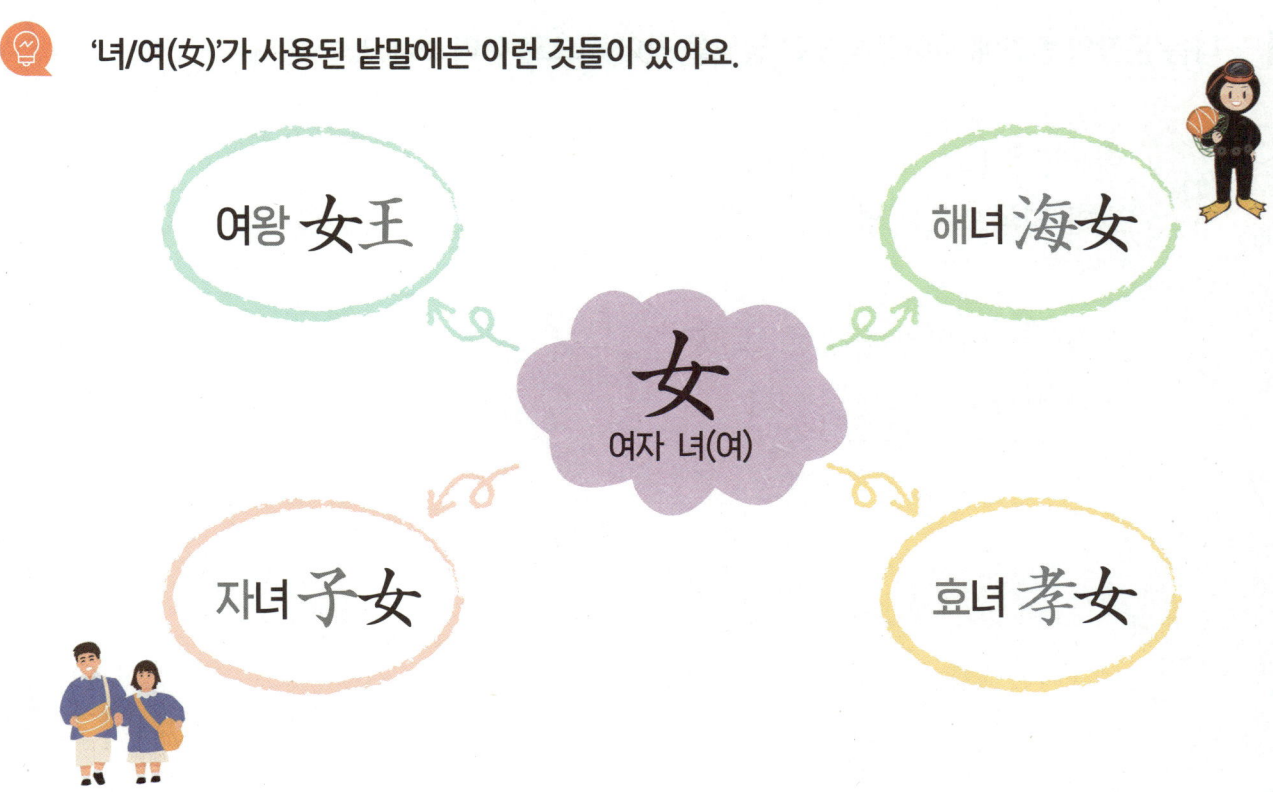

여왕 女王

해녀 海女

女
여자 녀(여)

자녀 子女

효녀 孝女

✏️ '녀/여(女)'가 사용된 위의 낱말 중 다음 뜻에 맞는 낱말은 무엇인지 써 보세요.

1 여자 임금을 말해요. →

2 아들과 딸을 함께 말해요. →

3 부모를 잘 모시고 소중히 대하는 딸을 말해요. →

4 바다 속에 들어가 해삼, 전복, 미역 등을 따는 것을 직업으로 하는 여자를 말해요. →

1 다음 문장의 빈칸에 들어갈 알맞은 낱말을 찾아 선으로 이어 보세요.

(1) 대통령은 (　　　　)의 초대를 받아 영국으로 떠났다. ・

・ 효녀

(2) 심청이는 아버지를 정성으로 모시고 사는 (　　　　)이다. ・

・ 여왕

2 다음 문장에 어울리는 낱말을 골라 ○표 하세요.

(1) (해녀 / 효녀)들은 전복을 따려고 바다로 뛰어들었다.

(2) 어머니는 두 명의 (자녀 / 여왕)을/를 사랑으로 길렀다.

쓰기 활동

3 다음 낱말을 넣어 그림에 어울리는 문장을 써 보세요.

여왕

　　　　　　　　　　　　　　　　　　　　 미소를 짓고 있다.

 다음 글을 읽고 문제를 풀어 보세요.

가족 관광 프로그램 안내서

* ㉠아들과 딸들을 위한 **해녀** 체험
  – 팔 세~십삼 세의 아이들이 어른과 함께할 때만 가능합니다.
* 부모님들을 위한 효자 · **효녀** 관광 프로그램
  – 아빠를 위한 낚시 체험: 바다에서 낚시를 하는 체험으로, 배를 타기 삼십 분 전까지 오셔야 합니다.
  – 엄마를 위한 마사지 체험: 손님을 ㉡여자 임금처럼 모시는 마사지 체험은 인터넷 누리집에서 예약을 하셔야 합니다.

---

1 윗글의 ㉠, ㉡의 뜻을 가진 낱말을 써 보세요.

(1) ㉠: | ㅈ | ㄴ |

(2) ㉡: | ㅇ | ㅇ |

2 윗글에 대한 알맞은 설명을 모두 골라 기호로 써 보세요.　　　（　　　　　）

㉮ 아빠는 바다로 낚시 체험을 하러 갈 수 있다.
㉯ 여덟 살과 열 살 자매는 두 사람만 해녀 체험을 할 수 있다.
㉰ 엄마는 인터넷 누리집에서 예약을 해야 마사지를 받을 수 있다.

우리말 속담

부모가 착해야 효자가 난다

🔍 부모가 착해야 자식도 착한 사람이 된다는 뜻으로, 윗사람이 잘해야 아랫사람도 잘한다는 말

붙임딱지

生 날 생

生

뜻 **소리**

날 생

사물이나 일이 생길 / 몸이나 땅 위에 솟아날

땅에서 새싹이 **났네.**

生	눅	乀			
날 생	날 생				

유래

生은 '나다'나 '낳다', '살다'라는 뜻을 가진 한자야.
땅 위로 새싹이 돋아나는 모습을 그린 한자라서
새로운 생명이 탄생했다는 뜻을 가지게 되었대.

'생(生)'이 사용된 낱말에는 이런 것들이 있어요.

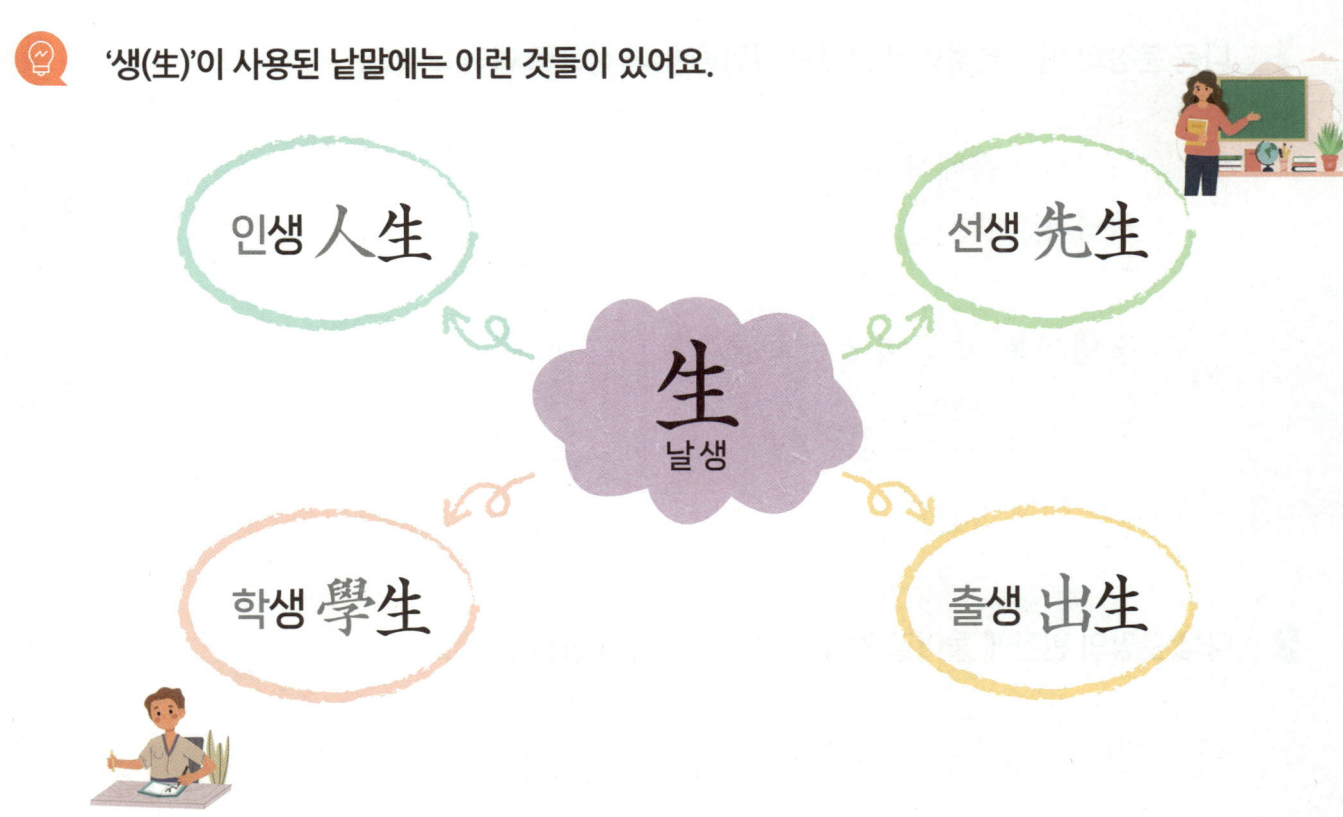

인생 人生

선생 先生

生
날 생

학생 學生

출생 出生

'생(生)'이 사용된 위의 낱말 중 다음 뜻에 맞는 낱말은 무엇인지 써 보세요.

1   세상에 나온 것을 말해요.   →

2   학생을 가르치는 사람을 말해요.   →

3   사람이 세상을 살아가는 일을 말해요.   →

4   학교에 다니면서 공부하는 사람을 말해요.   →

1 다음 문장의 빈칸에 들어갈 알맞은 낱말을 찾아 선으로 이어 보세요.

(1)
그녀는 서울에서 (   )
하였다.

• 출생

(2)
홍연이는 초등학교 1학년
(   )이다.

• 학생

2 다음 문장의 빈칸에 들어갈 알맞은 낱말을 찾아 색칠해 보세요.

(1) 언니는 국어 [   ]으로 일하고 있다.

선생   학생

(2) 나는 즐거운 [   ]을 살아왔다고 생각한다.

인생   출생

3 다음 낱말을 넣어 그림에 어울리는 문장을 써 보세요.

학생

_____ 선생님께 질문을 하고 있다.

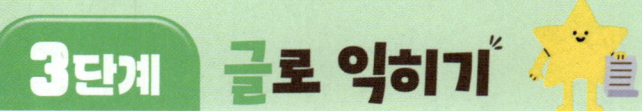
 다음 글을 읽고 문제를 풀어 보세요.

> 20XX년 9월 2일 날씨: 맑음
>
> 　오늘은 학교에서 자신의 ㉠세상을 살아가는 일을 소개하는 발표를 했다. 나는 부산에서 **출생**하여 지금의 ㉠학교에 다니면서 공부하는 사람이 되기까지 있었던 일들을 친구들 앞에서 말하였다.
> 　처음에는 긴장이 되어 말을 더듬기도 했지만, 선생님께서 천천히 또박또박 말하기만 하면 되니까 긴장하지 말라고 하셔서 용기를 얻을 수 있었다. 다음에 발표를 하게 된다면 더 잘할 수 있을 것 같다.

1 윗글의 ㉠, ㉡의 뜻을 가진 낱말을 써 보세요.

(1) ㉠: | ㅇ | ㅅ |

(2) ㉡: | ㅎ | ㅅ |

2 윗글의 글쓴이에게 있었던 일에 맞게 빈칸에 알맞은 말을 써 보세요.

> 　부산에서 **(1)** (　　　　　)한 '나'는 친구들 앞에서 자신의 인생을 소개하는 발표를 하였다. 처음에는 긴장되었지만 **(2)** (　　　　　)님의 말씀을 듣고 용기를 얻어 발표를 잘 끝냈다.

우리말 속담

인생은 짧고 예술은 길다
🔍 인생은 백 년을 넘기기 어렵지만 한번 남긴 예술은 영원히 의미가 있다는 말

붙임딱지

한자 놀이

빈칸에 들어갈 알맞은 한자를 들고 있는 동물 친구를 찾아 동그라미 하세요.

兄　　親 ? 弟　　學

丈　　姨 ? 女　　母

叔　　祖 ? 子　　父

人　　愛 ? 相　　巨

海　　孝 ? 王　　女

크기

01	小 작을 소	소형 축소 최소 소아
02	中 가운데 중	중간 도중 중순 중심
03	大 큰 대	대형 확대 대회 대중
04	長 긴 장	장기 성장 장단 연장
05	寸 마디 촌	촌각 사촌 촌수 삼촌
06	年 해 년(연)	연도 내년 작년 풍년

小는 '작다'는 뜻을 가진 한자야.

小

뜻	소리

작을   소

작은 조각들이 튀고 있어요.

小	小	小		
작을 소	작을 소			

유래

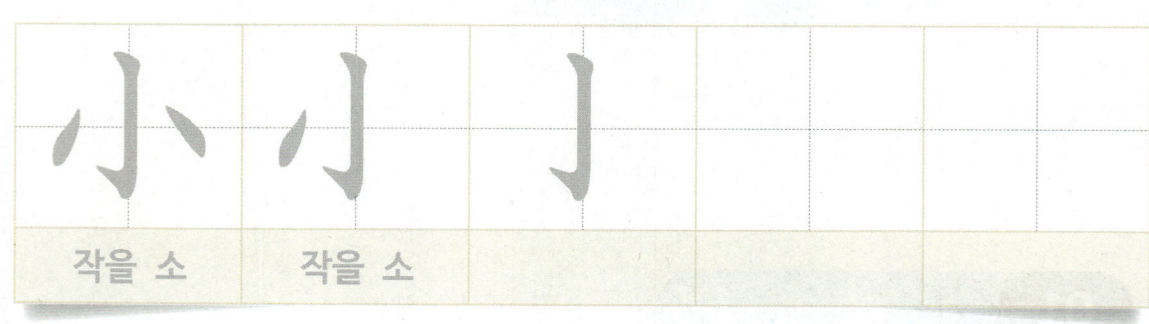

小는 '작다'라는 뜻을 가진 한자야.
작은 조각이 튀는 모습을 그린 것이라서 '작다'라는 뜻을 갖게 되었대.

'소(小)'가 사용된 날말에는 이런 것들이 있어요.

소형 小型

축소 縮小

小
작을 소

최소 最小

소아 小兒

'소(小)'가 사용된 위의 날말 중 다음 뜻에 맞는 날말은 무엇인지 써 보세요.

1 작은 크기나 범위를 말해요. →

2 나이가 적은 어린아이를 말해요. →

3 수나 정도가 가장 작은 것을 말해요. →

4 모양이나 크기를 줄여서 작게 하는 것을 말해요. →

1 다음 문장의 빈칸에 들어갈 알맞은 낱말을 찾아 선으로 이어 보세요.

(1)
| 이번 태풍의 크기는 (　　　　) (이)다. |
· · 최소

(2)
| 학교에서 집까지 (　　　　) 삼 십 분이 걸린다. |
· · 소형

2 다음 문장에 어울리는 낱말을 골라 ○표 하세요.

(1) 지도를 작게 (소형 / 축소)하여 그렸다.

(2) 이 예방 주사는 (소아 / 최소)가 맞아야 한다.

쓰기 활동

3 다음 낱말을 넣어 그림에 어울리는 문장을 써 보세요.

최소

✎ _____

_____

_____ 치료를 받아야 한다.

📖 다음 글을 읽고 문제를 풀어 보세요.

소아는 어떤 병원에 가야 할까요? 어린아이가 아프면 소아 청소년과에 가요. 그런데 요즘은 소아 청소년과 의사가 줄어들고 있다고 해요. 그래서 병원에서는 소아 청소년과를 ㉠줄여서 작게 하는 일이 많아지고 있대요. 사람이 많이 살지 않는 ㉡작은 크기의 도시에는 아이들이 갈 소아 청소년과 병원이 없거나 치료를 받는 데 최소 몇 시간이 걸리는 경우도 있다고 해요.

1 윗글의 ㉠, ㉡의 뜻을 가진 낱말을 써 보세요.

(1) ㉠:

(2) ㉡:

2 윗글의 내용으로 알맞은 것은 ○, 알맞지 <u>않은</u> 것은 X표 하세요.

(1) 아픈 어린아이들은 소아 청소년과에 간다. (○ ┊ ×)

(2) 소아 청소년과에서 일하는 의사가 늘어나고 있다. (○ ┊ ×)

(3) 작은 크기의 도시에는 어린아이들이 갈 병원이 많다. (○ ┊ ×)

우리말 **속담**

아이 싸움이 어른 싸움 된다
🔍 작은 일이 점점 큰일로 커지는 것을 이르는 말

붙임딱지

中

뜻　　소리

가운데　　중

땅 가운데에 깃발이 꽂혀 있네.

中	口	ㅣ			
가운데 중	가운데 중				

유래

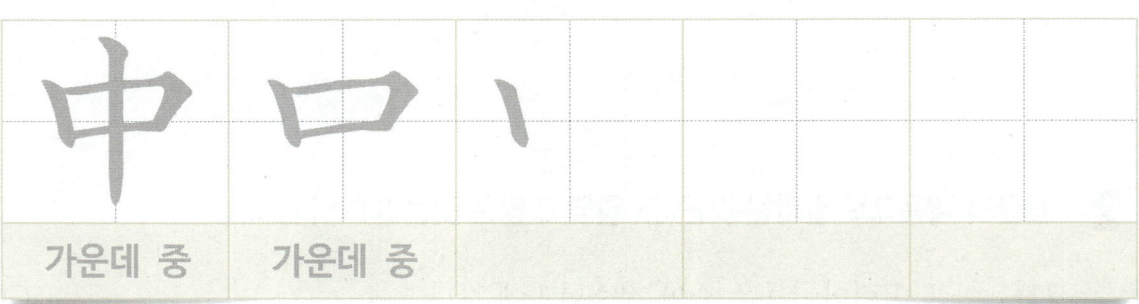

中은 '가운데'라는 뜻을 가진 한자야.
中은 적과 싸울 수 있는 장소를 뜻하는 진지의 중앙에
꽂아 놓은 펄럭이는 깃발을 그린 것이라 '가운데'를 뜻하게 되었대.

'중(中)'이 사용된 낱말에는 이런 것들이 있어요.

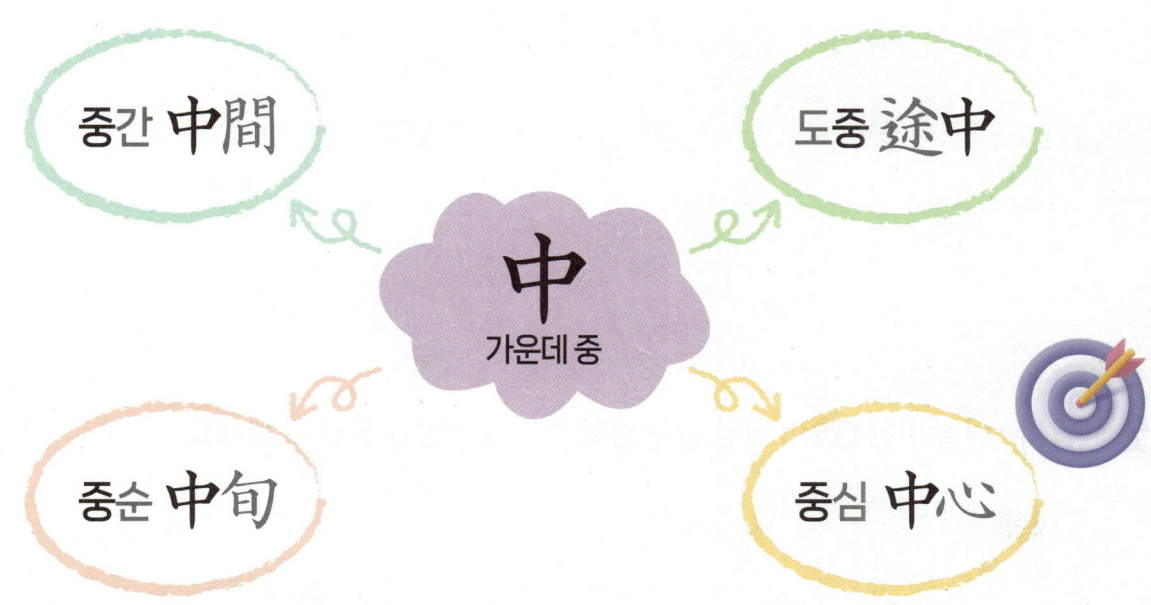

중간 中間

도중 途中

中
가운데 중

중순 中旬

중심 中心

'중(中)'이 사용된 위의 낱말 중 다음 뜻에 맞는 낱말은 무엇인지 써 보세요.

1 두 사물의 사이를 말해요.   →

2 사물의 한가운데를 말해요.   →

3 한 달 가운데 11일에서 20일까지의 동안을 말해요.   →

4 길을 가는 중간이나 일이 계속되고 있는 과정을 말해요.   →

1 다음 문장에 어울리는 낱말을 골라 ◯표 하세요.

(1) 성호가 운동장 (도중 / 중심)에 섰다.

(2) 우리는 학교와 도서관 (중순 / 중간) 거리에서 만났다.

2 '중(中)'이 들어간 보기의 낱말 중 빈칸에 알맞은 낱말을 골라 써 보세요.

보기

도중   중순

(1) 4월 ☐☐ 이면 많은 꽃들이 꽃망울을 맺는다.

(2) 나는 친구네 집에 가는 ☐☐ 에 다람쥐를 보았다.

쓰기 활동

3 다음 낱말을 넣어 그림에 어울리는 문장을 써 보세요.

중간

_____ 케이크를 맛있게 먹었다.

다음 글을 읽고 문제를 풀어 보세요.

학급 회장 선거 공고문

◎ 3월 ㉠11일~20일까지의 동안에 1학기 학급 회장을 뽑기 위한 선거 운동을 해요.

– 학급 회장 선거에 참여하고 싶은 사람은 신청서를 써서 담임 선생님께 드리면 되어요.

– 신청서는 교실 뒤편 사물함 중간에 있어요.

– 후보로 나올 학생들은 선거 운동 도중에 할 말을 미리 준비해 주세요.

– 투표는 교무실 ㉡한가운데에 있는 투표소에서 이루어져요.

1 윗글의 ㉠, ㉡의 뜻을 가진 낱말을 써 보세요.

(1) ㉠: | ㅈ | ㅅ |

(2) ㉡: | ㅈ | ㅅ |

2 다음 빈칸을 채워 '학급 회장 선거'에 대한 내용을 정리해 보세요.

학급 회장 선거에 참여하고 싶은 사람은 **(1)** (　　　　　)을/를 써서 담임 선생님께 내야 한다. 그리고 회장 **(2)** (　　　　　) 운동은 3월 11일 ~ 20일까지의 동안에 하고, 투표는 **(3)** (　　　　　)에 있는 투표소에서 이루어진다.

우리말 속담

가만히 있으면 중간이나 간다
🔍 가만히 있지 않고 모르는 것을 아는 척하다가 아는 것이 없음을 들키게 된다는 말

붙임딱지

大 큰 대

뜻   소리

큰   대

너는 몸이 큰 대인이구나.

大	大	一			
큰 대	큰 대				

유래

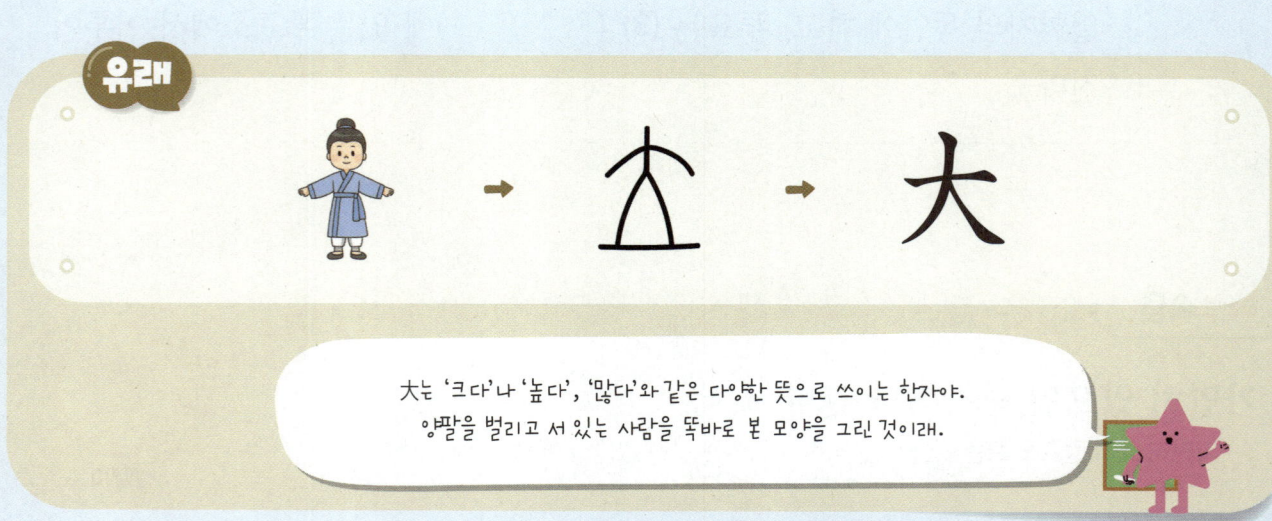

大는 '크다'나 '높다', '많다'와 같은 다양한 뜻으로 쓰이는 한자야.
양팔을 벌리고 서 있는 사람을 똑바로 본 모양을 그린 것이래.

'대(大)'가 사용된 날말에는 이런 것들이 있어요.

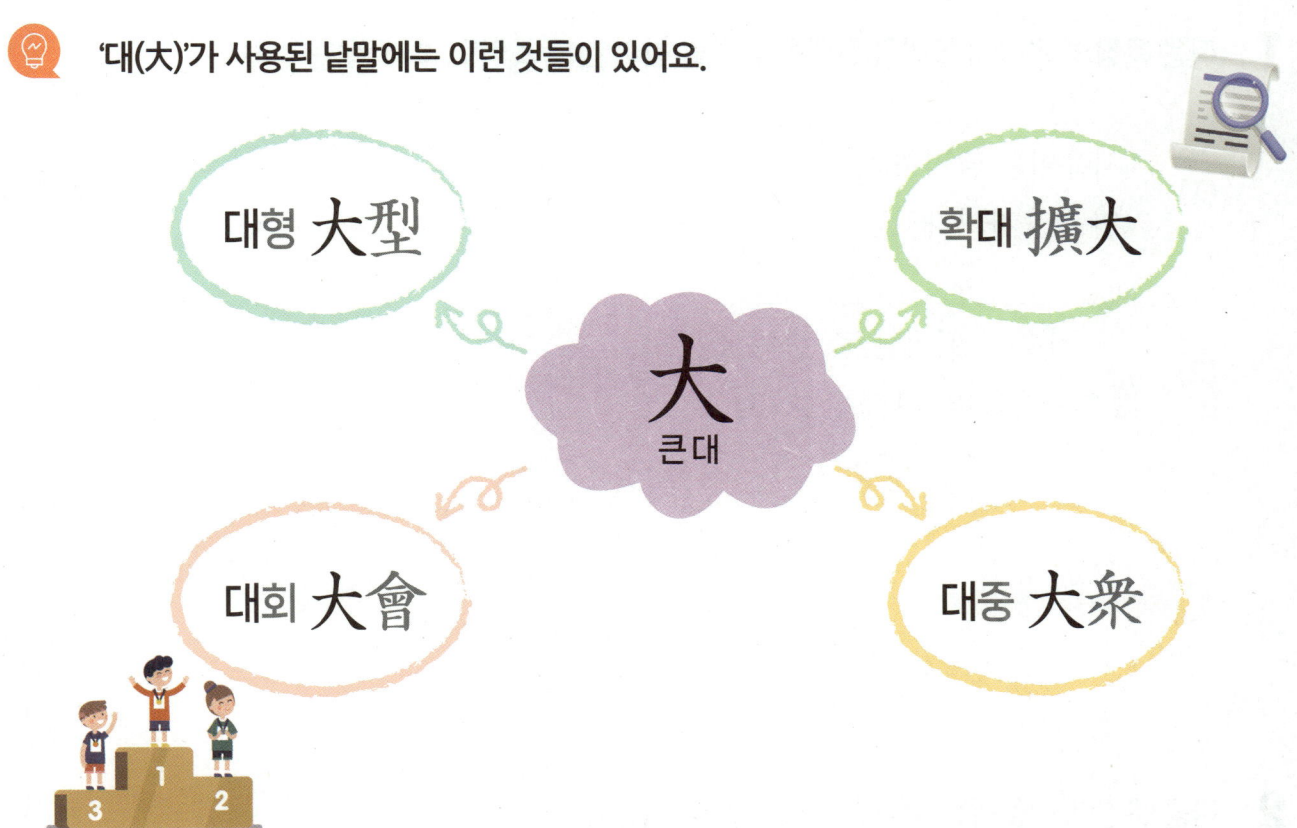

대형 大型

확대 擴大

大
큰 대

대회 大會

대중 大衆

'대(大)'가 사용된 위의 날말 중 다음 뜻에 맞는 날말은 무엇인지 써 보세요.

1 큰 모임이나 회의를 말해요. →

2 수많은 사람의 무리를 말해요. →

3 모양이나 크기를 더 크게 하는 것을 말해요. →

4 같은 종류의 사물 가운데 큰 모양이나 크기를 말해요. →

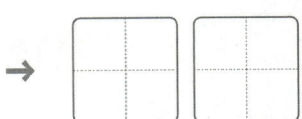

1 다음 문장의 빈칸에 들어갈 알맞은 낱말을 찾아 선으로 이어 보세요.

(1) 서윤이는 달리기 (   ) 의 우승자이다. · · 대회

(2) 그 가수는 뛰어난 춤 솜씨로 (   )의 인기를 얻었다. · · 대중

2 다음 문장에 어울리는 낱말을 골라 ○표 하세요.

(1) (대형 / 대중) 냉장고에 아이스크림이 가득 들어 있다.

(2) 내일부터 식당 주차장을 (대회 / 확대)하기 위한 공사를 한다.

쓰기 활동

3 다음 낱말을 넣어 그림에 어울리는 문장을 써 보세요.

대회

세 개의 금메달을 땄다.

다음 글을 읽고 문제를 풀어 보세요.

요즘 ㉠수많은 사람의 무리는 건강한 삶에 관심이 많다. 그래서 달리기, 등산, 자전거 타기와 같은 야외 활동의 인기도 많아졌다. 이는 운동화, 운동복, 운동 기구 등과 같은 체육 관련 제품의 판매가 확대되는 것으로도 이어졌다. 그리고 한강 밤 걷기, 서울 걷기 대회 등 체육 대회가 매년 인기를 얻고 있다. 또한 도시 이곳저곳에서 ㉡큰 크기의 마라톤 대회도 열리고 있다.

1 윗글의 ㉠, ㉡의 뜻을 가진 낱말을 써 보세요.

(1) ㉠: ㄷ ㅈ

(2) ㉡: ㄷ ㅎ

2 윗글에 대한 설명으로 알맞지 <u>않은</u> 것은 무엇인가요?　　　　　　　　　(　　　)

① 요즘 사람들은 건강하게 사는 것에 관심이 많다.
② 도시의 여러 곳에서 소형 마라톤 대회가 열리고 있다.
③ 야외 활동의 인기가 높아져 체육 관련 제품이 많이 팔리고 있다.

우리말 **속담**

한강에 돌 던지기
🔍 어떤 사물이 아주 작아서 일을 하는 데 효과가 없다는 말

붙임딱지

長

뜻	소리
긴	장

물체의 한쪽 끝에서 다른 쪽 끝까지 두 끝이 멀리 떨어져 있는

할아버지의 **긴** 머리털은 은빛이네.

長	長			
긴 장	긴 장			

유래

 → 長 → 長

長은 '길다'라는 뜻을 가진 한자로,
머리털이 긴 노인이 서 있는 모양을 그린 거래.

💬 '장(長)'이 사용된 낱말에는 이런 것들이 있어요.

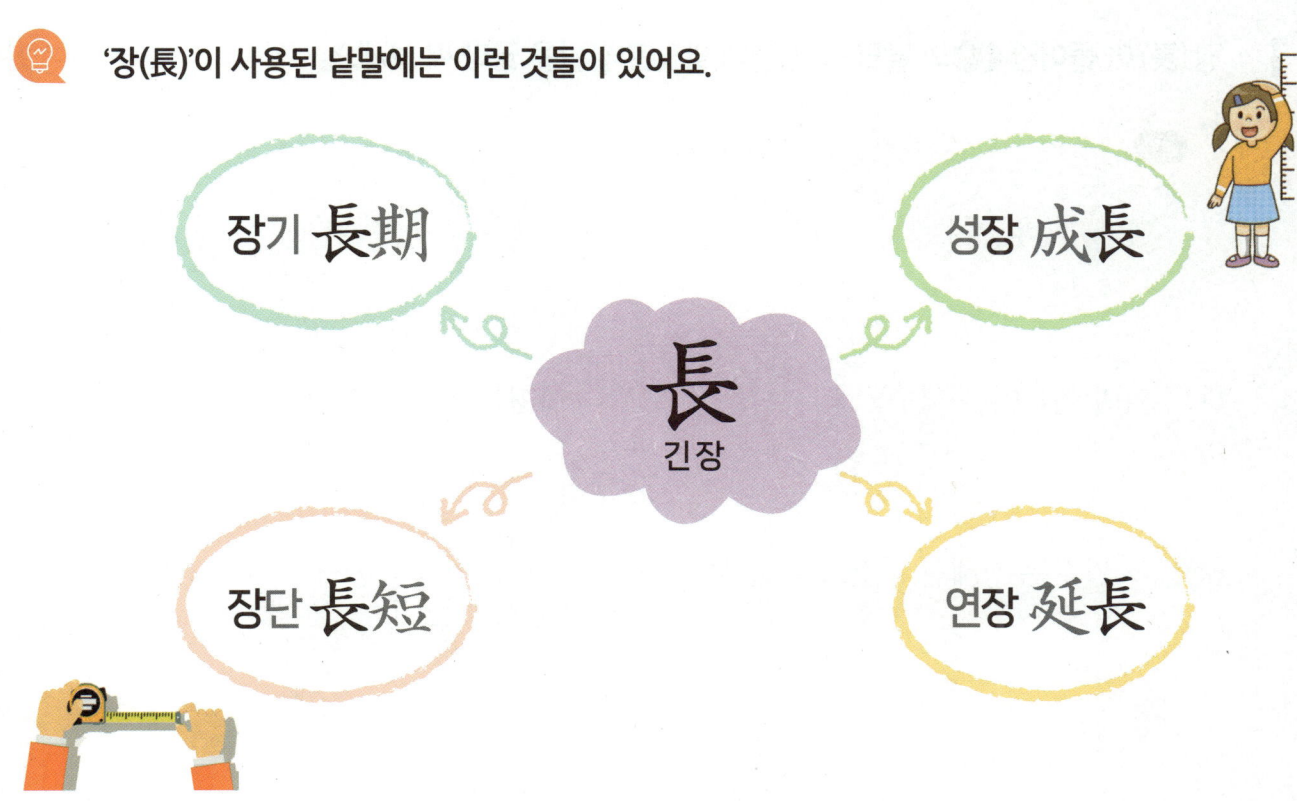

장기 長期

성장 成長

長
긴장

장단 長短

연장 延長

✏️ '장(長)'이 사용된 위의 낱말 중 다음 뜻에 맞는 낱말은 무엇인지 써 보세요.

1 길고 짧음이나 좋은 점과 나쁜 점을 말해요. →

2 사람이나 동식물이 자라서 커지는 것을 말해요. →

3 시간이나 거리를 원래보다 길게 늘이는 것을 말해요. →

4 어느 때부터 다른 어느 때까지의 동안이 긴 것을 말해요. →

1 '장(長)'이 들어간 보기의 낱말 중 빈칸에 알맞은 낱말을 골라 써 보세요.

보기

연장   장기

(1) 이번 여름에는 제주도로 [   ][   ] 여행을 떠날 것이다.

(2) 그 가수는 정해진 시간보다 한 시간 더 [   ][   ] 공연을 하고 갔다.

2 다음 문장에 어울리는 낱말을 골라 ○표 하세요.

(1) 밖에서 나는 매미 울음소리에는 소리의 (장단 / 연장)이 있었다.

(2) 여름 방학 과제는 물고기의 (장기 / 성장) 과정을 관찰하는 것이다.

 쓰기 활동

3 다음 낱말을 넣어 그림에 어울리는 문장을 써 보세요.

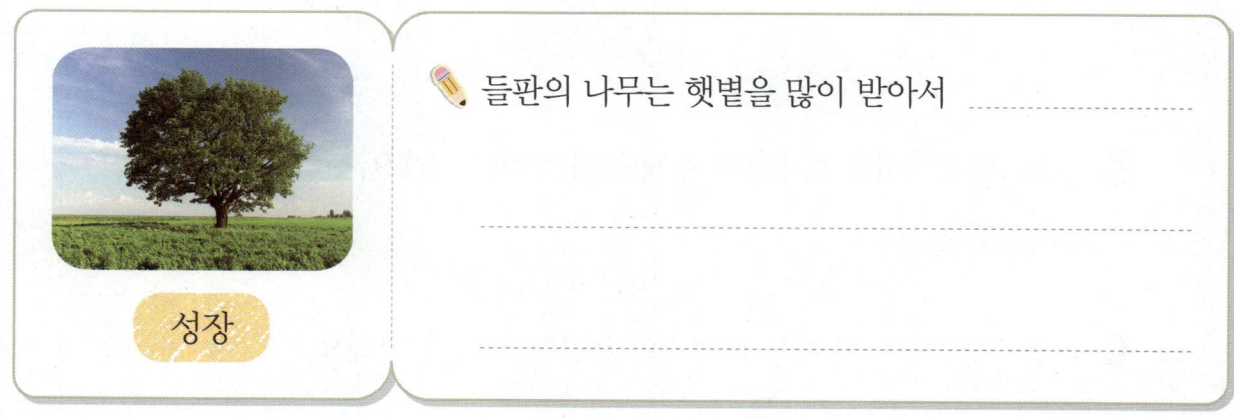

성장

✏️ 들판의 나무는 햇볕을 많이 받아서 _____

_____

_____

다음 글을 읽고 문제를 풀어 보세요.

우리는 공부를 하며 지식을 배우고 ㉠자라서 커지는 일을 겪어요. 이러한 결과를 표시하는 '학습 효과 그래프'는 장기로 노력할수록 높게 나타나요. 학습 효과 그래프는 곡선 모양으로 서서히 오르지 않고, 어느 정도 오르다가 한 번 뛰어오르는 계단 모양으로 나타나요. 그러니까 연장 학습을 하고 있다면 기간의 ㉡길고 짧음과 상관없이 꾸준히 노력하는 자세를 가져야 해요.

1 윗글의 ㉠, ㉡의 뜻을 가진 낱말을 써 보세요.

(1) ㉠: 　ㅅ　ㅈ

(2) ㉡: ㅈ　ㄷ

2 윗글의 '학습 효과 그래프'를 알맞게 그린 친구는 누구인지 써 보세요.　(　　　　)

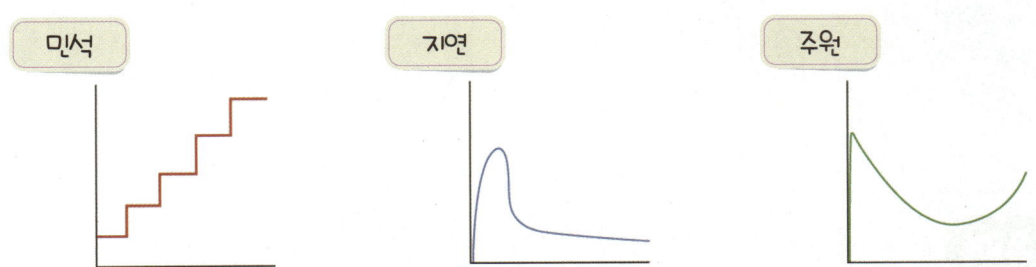

민석　지연　주원

우리말 속담

한 계단씩 밟아 올라가다
🔍 낮은 데서부터 높은 데로 순서를 따라 차례대로 올라간다는 말

붙임딱지

寸 마디 촌

한자능력 8급

寸

내 손의 마디를 살펴보고 있어.

뜻	소리
마디	촌

뼈와 뼈가 마주 닿은 부분

寸	寸	一			
마디 촌	마디 촌				

유래

寸은 '마디'나 '촌수'를 뜻하는 한자야. 寸은 又(또 우)에 점을 찍은 한자로, 손끝에서 맥박이 뛰는 곳까지의 길이를 표현한 거야. 이때 寸에 있는 '마디'라는 뜻은 손가락 마디가 아닌 손목까지의 길이를 뜻하는 거래.

'촌(寸)'이 사용된 낱말에는 이런 것들이 있어요.

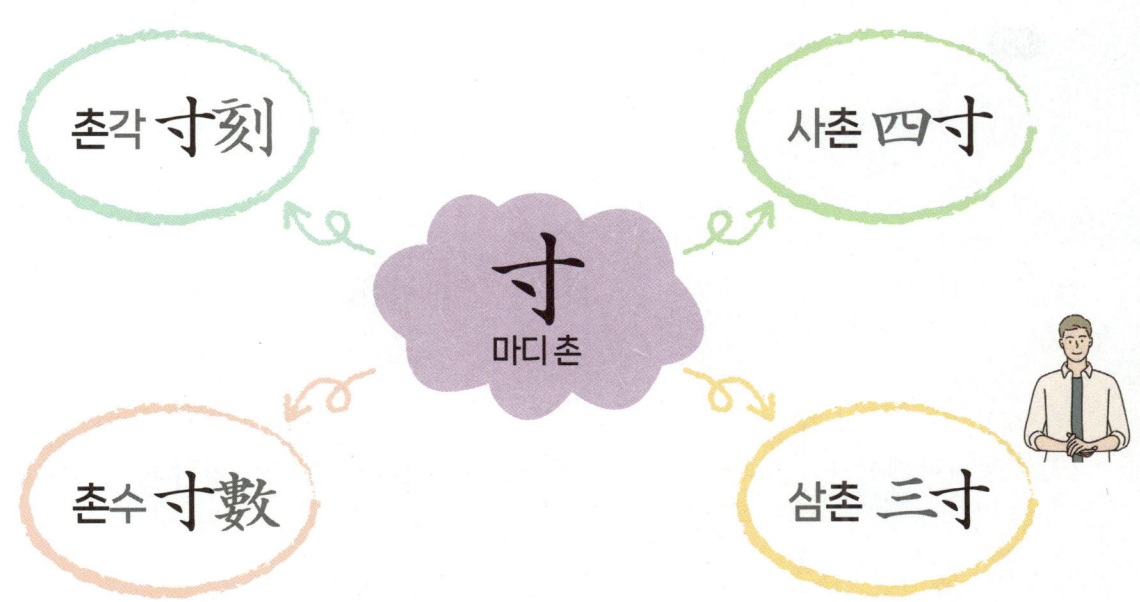

'촌(寸)'이 사용된 위의 낱말 중 다음 뜻에 맞는 낱말은 무엇인지 써 보세요.

1 아버지의 형제를 말해요. →

2 매우 짧은 동안의 시간을 말해요. →

3 아버지의 친형제자매의 아들이나 딸과의 촌수를 말해요. →

4 친족 사이의 멀고 가까운 정도를 나타내는 수나 그런 관계를 말해요. →

1 '촌(寸)'이 들어간 보기의 낱말 중 빈칸에 알맞은 낱말을 골라 써 보세요.

보기
사촌   촌각

(1) 이 사건은 [ ][ ]을 다투는 급한 일이다.

(2) 어머니께서는 [ ][ ] 형제끼리 친하게 지내야 한다고 하셨다.

2 다음 문장의 빈칸에 들어갈 알맞은 낱말을 찾아 선으로 이어 보세요.

(1) (   )은/는 바닷가에 살고 계신다.   • 촌수

(2) 형은 나와 (   )(으)로는 오촌이었다.   • 삼촌

3 다음 낱말을 넣어 그림에 어울리는 문장을 써 보세요.

사촌

_____

_____ 즐거운 시간을 보냈다.

📖 다음 글을 읽고 문제를 풀어 보세요.

　　⊙친족 사이의 멀고 가까운 정도를 나타내는 수는 나와 가장 가까운 부모님과는 일촌이고, 나와 형제는 이촌이 됩니다. 삼촌이나 이모와 같은 아버지, 어머니의 형제자매와는 삼촌이, 그분들의 아들이나 딸과는 사촌이 되지요.

　　이웃에 사는 친한 사람은 이웃사촌이라고 해요. 요즘에는 이웃사촌이라는 말이 어색할 수도 있지만, 예전에는 보기 힘든 먼 친척보다 ⓒ매우 짧은 시간에 왕래할 수 있는 이웃이 더 좋다는 말도 있었습니다.

1 윗글의 ⊙, ⓒ의 뜻을 가진 낱말을 써 보세요.

(1) ⊙: ㅊ　ㅅ　　　(2) ⓒ: ㅊ　ㄱ

2 다음 빈칸에 들어갈 말을 윗글에서 찾아 써 보세요.

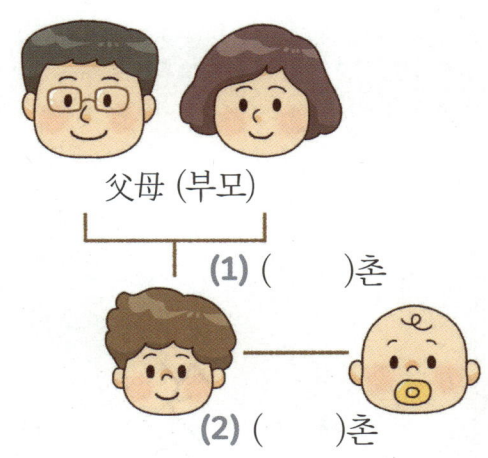

父母 (부모)

(1) (　　)촌

(2) (　　)촌

우리말 **속담**

사촌이 땅을 사면 배가 아프다
🔍 남이 잘되는 것을 기뻐해 주지는 않고 오히려 질투하고 미워하는 경우를 이르는 말

붙임딱지

한자능력 8급

年

일 년 동안 지은 벼농사가 잘되었네.

뜻	소리

해   년(연)

↳ 지구가 태양을 한 바퀴 도는 동안. 한 해 = 열두 달

年	仁	⺊			
해 년(연)	해 년(연)				

유래

年은 '해'나 '나이', '새해'라는 뜻을 가진 한자야.
年은 禾(벼 화)와 人(사람 인)이 만난 한자로,
벼를 베어 묶은 볏단을 등에 지고 가는 사람을 그린 거래.

💬 '년/연(年)'이 사용된 낱말에는 이런 것들이 있어요.

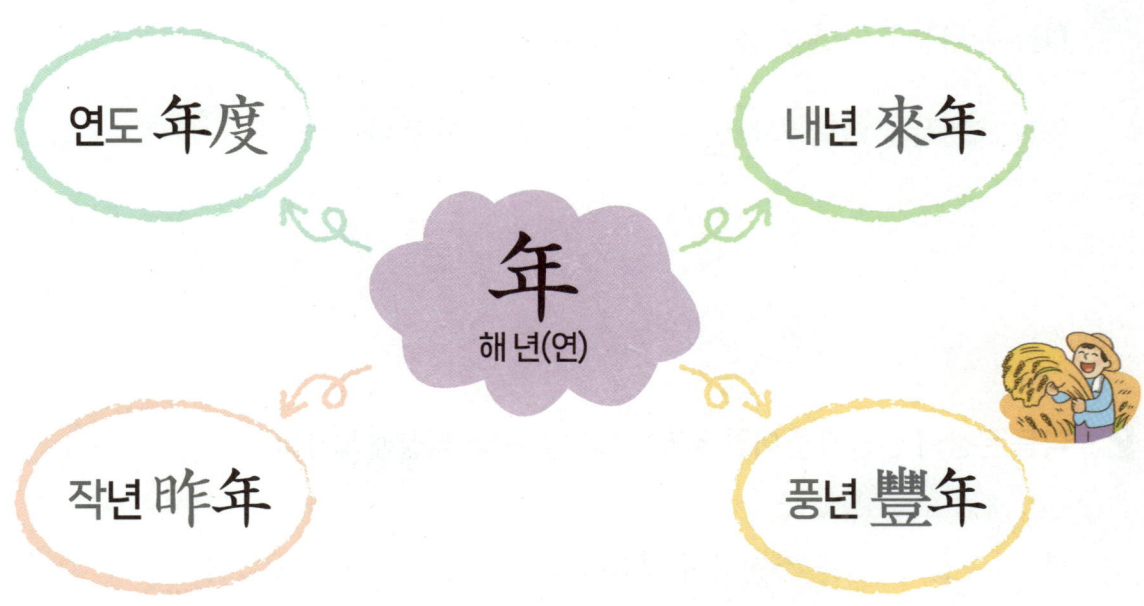

✏️ '년/연(年)'이 사용된 위의 낱말 중 다음 뜻에 맞는 낱말은 무엇인지 써 보세요.

1 올해의 바로 앞의 해를 말해요. →

2 올해의 바로 다음 해를 말해요. →

3 곡식이 잘 자라서 평소보다 많이 얻은 해를 말해요. →

4 어떤 일이 일어난 때를 말하기 위해 편하게 구분한 일 년 동안의 기간이나 어떤 일이 이루어진 바로 그 해를 말해요. →

1 다음 문장에 어울리는 낱말을 골라 ○표 하세요.

(1) 누나는 (내년 / 풍년)에 중학교에 간다.

(2) 조카는 (연도 / 작년)에 비해 키가 많이 컸다.

2 다음 문장의 빈칸에 들어갈 알맞은 낱말을 찾아 색칠해 보세요.

(1) ☐ 이라서 집집마다 쌀을 가득 가지고 있었다.

 작년   풍년

(2) 두 배우가 영화에 출연한 ☐ 은/는 2023년으로 같다.

 내년   연도

3 다음 낱말을 넣어 그림에 어울리는 문장을 써 보세요.

내년

회전목마를 타고 싶다.

📖 다음 글을 읽고 문제를 풀어 보세요.

써니스낵은 과자, 젤리, 사탕 등 다양한 제과를 만드는 회사이다. 써니스낵의 제품이 사람들 사이에서 인기를 끌며 공장의 사업에 '풍년'이 들어서, ㉠올해의 바로 앞의 해에 제과를 판매한 액수가 약 155억 원 정도 되었다. ㉡올해의 바로 다음 해에는 더 많은 제과를 판매할 것으로 예상하고 있다. 직원들은 2023년 기준 사십오 명이고, 써니스낵에서 제과를 만들기 시작한 연도는 1992년이다.

1 윗글의 ㉠, ㉡의 뜻을 가진 낱말을 써 보세요.

(1) ㉠: | ㅈ | ㄴ |

(2) ㉡: | ㄴ | ㄴ |

2 다음 빈칸에 들어갈 말을 윗글에서 찾아 써 보세요.

(1) 회사 이름은 무엇인가요? (   )

(2) 무엇을 만드는 회사인가요? (   )

(3) 회사에서 제품을 만들기 시작한 연도는 언제인가요? (   )

우리말 속담

시작이 반이다
🔍 무슨 일이든지 시작하기가 어렵지 시작하면 끝내기는 그리 어렵지 않다는 말

붙임딱지

한자 놀이

원숭이들이 어디를 잡아야 바나나를 먹을 수 있을까요?
한자의 알맞은 소리를 찾아 색칠해 보세요.

숫자

01	一 한 일	일부 통일 제일 일주일
02	二 두 이	이중 이층 이십 이월
03	三 석 삼	삼국 외삼촌 삼각형 삼시
04	四 넉 사	사지 사계 사방 사골
05	五 다섯 오	오감 오목 오뉴월 오일장

一 한 일

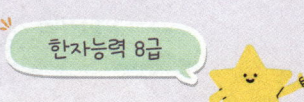
한자능력 8급

뜻   **소리**

한   일

하나

이 막대기 하나면 충분해.

한일	한일			

유래

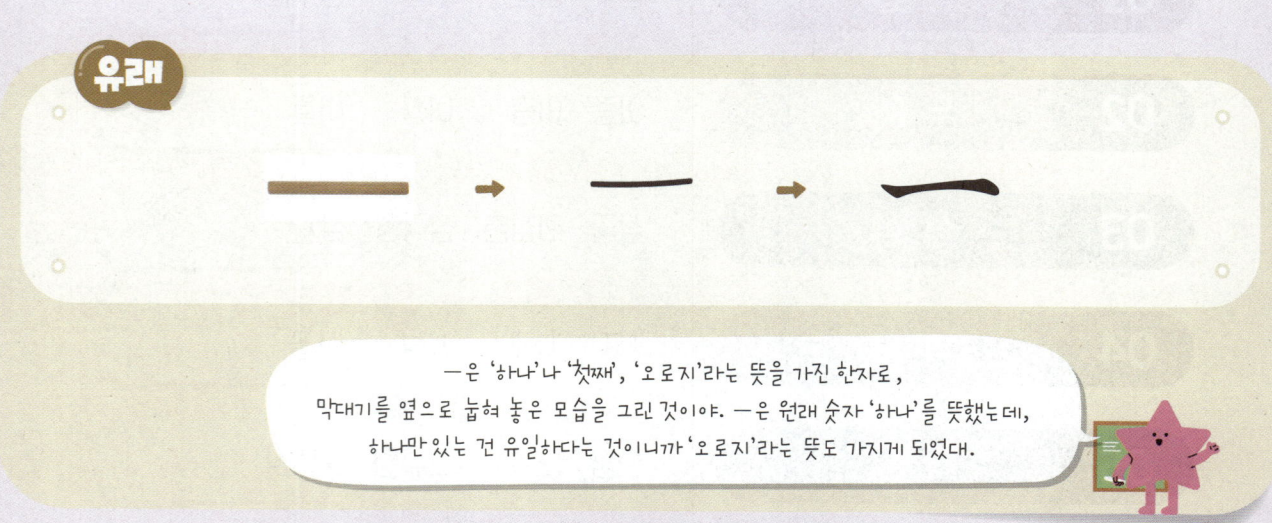

一은 '하나'나 '첫째', '오로지'라는 뜻을 가진 한자로, 막대기를 옆으로 눕혀 놓은 모습을 그린 것이야. 一은 원래 숫자 '하나'를 뜻했는데, 하나만 있는 건 유일하다는 것이니까 '오로지'라는 뜻도 가지게 되었대.

'일(一)'이 사용된 낱말에는 이런 것들이 있어요.

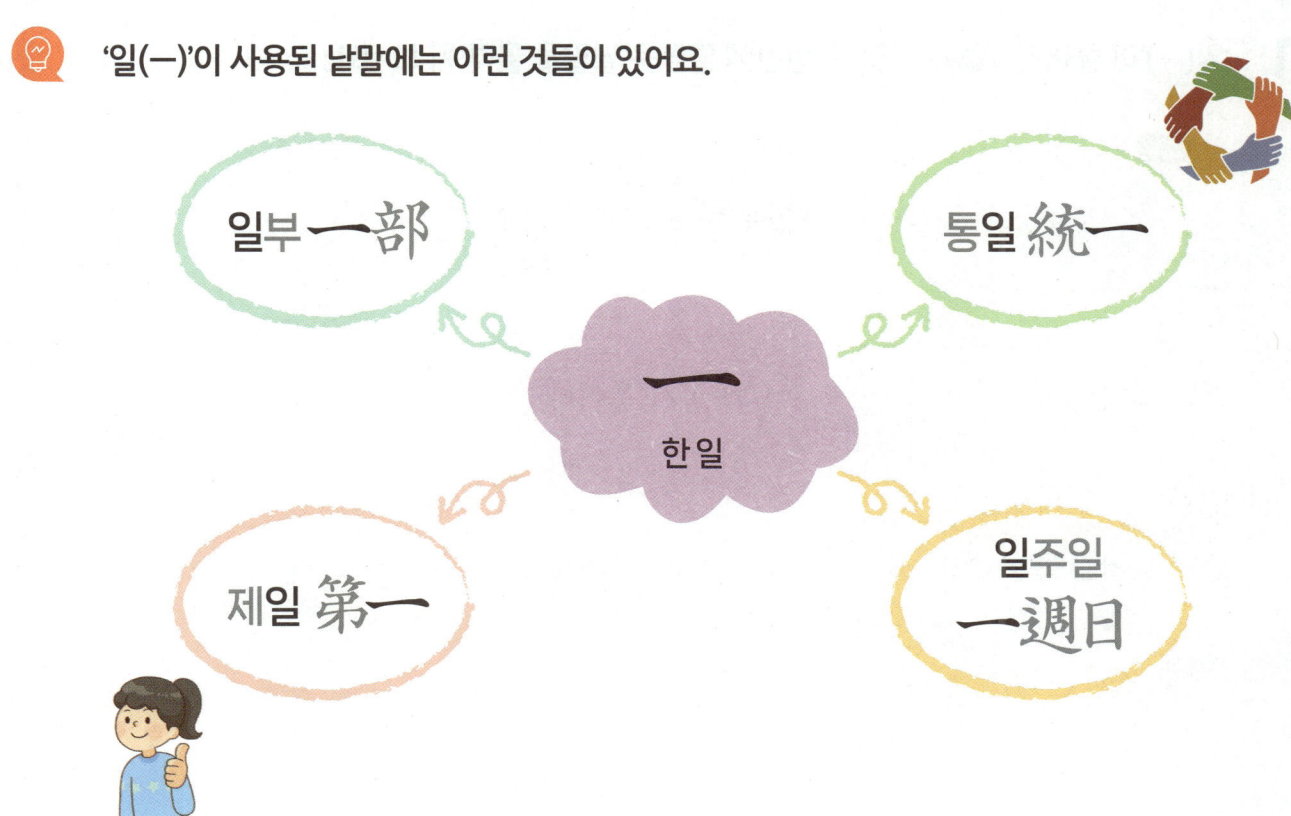

'일(一)'이 사용된 위의 낱말 중 다음 뜻에 맞는 낱말은 무엇인지 써 보세요.

1 여럿 가운데 가장을 말해요. →

2 한 부분 또는 전체를 여럿으로 나눈 얼마를 말해요. →

3 나누어진 것들을 합쳐서 하나로 모이게 하는 것을 말해요. →

4 한 주일 또는 칠 일을 말해요. →

1 '일(一)'이 들어간 보기의 낱말 중 빈칸에 알맞은 낱말을 골라 써 보세요.

> 보기
>
> 일부   통일

(1) 앞마당의 ☐☐ 이/가 공사 중이다.

(2) 남한과 북한의 ☐☐ 을/를 위해서는 대화가 필요하다.

2 다음 문장에 어울리는 낱말을 골라 ○표 하세요.

(1) 나는 복숭아를 (일부 / 제일) 좋아한다.

(2) 아버지는 외국에서 (통일 / 일주일) 내에 돌아온다고 하셨다.

쓰기 활동

3 다음 낱말을 넣어 그림에 어울리는 문장을 써 보세요.

일부

　　　　　　　　　　　　　　　　　　　　　　못 쓰게 되었다.

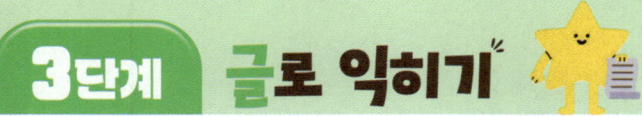
📖 다음 글을 읽고 문제를 풀어 보세요.

> Q. **선생님**: 만약 여러분들에게 ㉠한 주일 동안 시간이 생긴다면 무슨 일을 하고 싶나요?
>
> A. **도현**: 제가 ㉡여럿 가운데 가장 사랑하는 가족들과 함께 동해 바다에 가고 싶어요. 어렸을 때 가족들과 동해 바다에 놀러 가서 서핑 보드를 배웠던 것이 기억에 남아요.
>
> A. **이서**: 저는 어린 시절 일부 동안 함께 살았던 할아버지를 찾아뵙고 싶어요. 할아버지는 북한에서 오셔서 남북의 통일이 소원이라는 말씀을 많이 하셨어요.

1 윗글의 ㉠, ㉡의 뜻을 가진 낱말을 써 보세요.

(1) ㉠: | ㅇ | ㅈ | ㅇ |

(2) ㉡: | ㅈ | ㅇ |

2 윗글을 읽고 친구들이 하고 싶은 일을 찾아 선으로 이어 보세요.

(1) 도현 •

(2) 이서 •

• ㉮ 할아버지를 찾아뵙고 싶음.

• ㉯ 가족들과 함께 바다에 가고 싶음.

우리말 속담

고슴도치도 제 새끼가 제일 곱다고 한다
🔍 부모님 눈에는 제 자식이 다 잘나고 귀여워 보인다는 말

붙임딱지

二 두 이

二

뜻	소리
두	이

둘

나무 막대기 **두** 개가
바닥에 놓여 있네.

二	二	一			
두 이	두 이				

유래

二는 '둘'이나 '둘째', '두 번'이라는 뜻을 가진 한자야.
나무 막대기 두 개를 옆으로 눕혀 놓은 모양을 그린 것이래.

💡 '이(二)'가 사용된 낱말에는 이런 것들이 있어요.

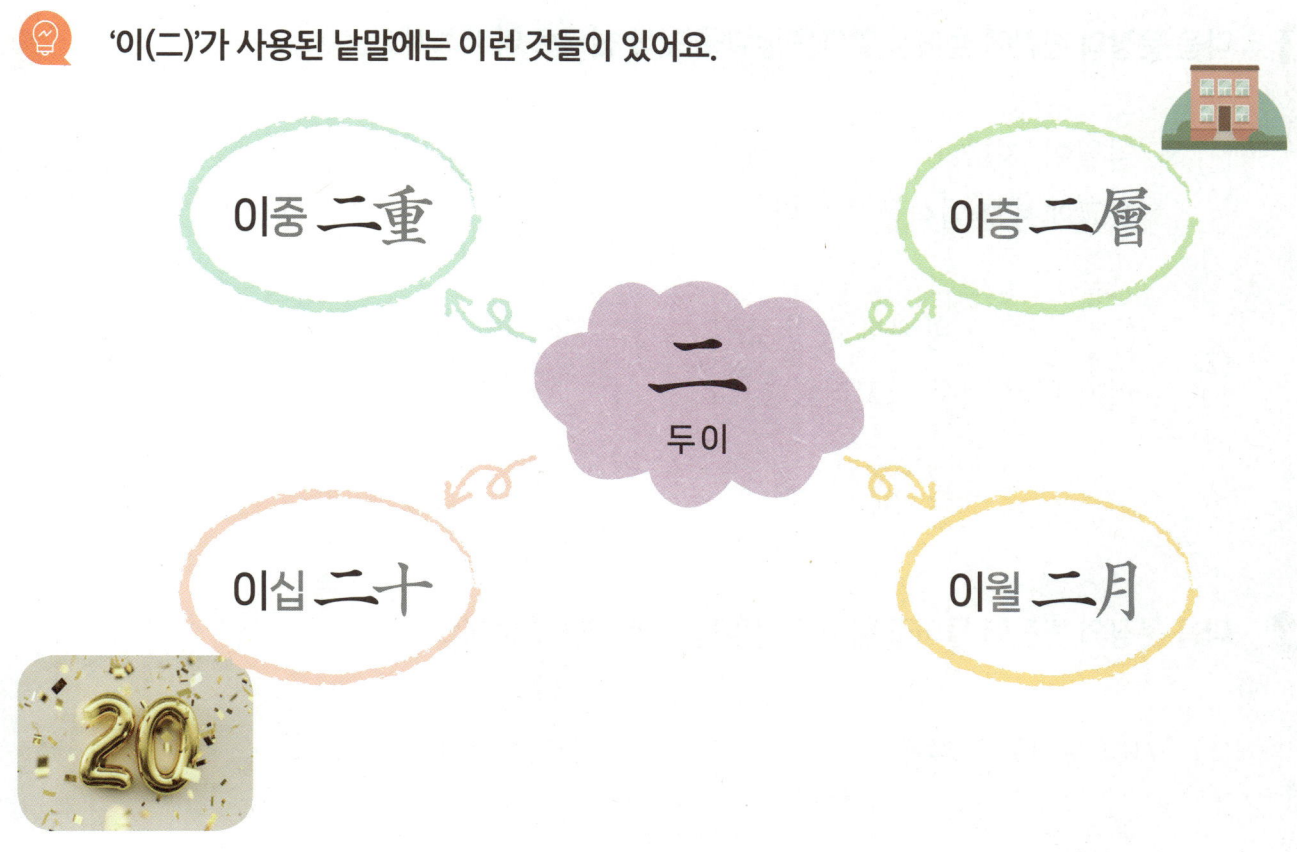

이중 二重

이층 二層

二
두이

이십 二十

이월 二月

✏️ '이(二)'가 사용된 위의 낱말 중 다음 뜻에 맞는 낱말은 무엇인지 써 보세요.

1 한 해 열두 달 가운데 둘째 달을 말해요. →

2 여러 층으로 된 건물의 두 번째 층을 말해요. →

3 두 겹 또는 두 번 되풀이되거나 겹치는 것을 말해요. →

4 십의 두 배가 되는 수 또는 수와 양이 스물임을 말해요. →

1 다음 문장의 빈칸에 들어갈 알맞은 낱말을 찾아 선으로 이어 보세요.

(1) 일월이 지나 (   )에 학교에서 졸업식을 하였다. •

• 이층

(2) (   ) 방에서 쿵쾅 소리가 나서 너무 시끄러웠다. •

• 이월

2 다음 문장의 빈칸에 들어갈 알맞은 낱말을 찾아 색칠해 보세요.

(1) 사촌 동생의 몸무게는 [   ] 킬로그램이다.

이십   이월

(2) 공부에 운동까지 해야 하니 [   ]으로 피곤하다.

이십   이중

 쓰기 활동

3 다음 낱말을 넣어 그림에 어울리는 문장을 써 보세요.

이층

✏️ 우리 집 앞 건물의 ....

....

📖 다음 글을 읽고 문제를 풀어 보세요.

> 큰형은 이십 살이 되었을 때 ㉠두 번째 층이었던 우리 집에서 나가서 학교 앞 옥탑방에서 혼자 살게 되었다. 옥탑방은 건물의 제일 위인 옥상에 있는데, 방 한 칸과 주방, 화장실로 이루어져 있다.
> 옥탑방은 추위와 더위에 매우 약하다. 여름에는 선풍기를 틀어도 소용이 없을 만큼 덥고, 이월에는 집 안에서도 입김이 나올 만큼 춥다. ㉡두 겹으로 된 창이 있다고 해도 춥기는 마찬가지이다.

1 윗글의 ㉠, ㉡의 뜻을 가진 낱말을 써 보세요.

(1) ㉠:      (2) ㉡:

2 윗글을 읽고 '옥탑방'을 찾아 번호를 써 보세요.   (   )

(1)    (2)    (3)

 우리말 **속담**

이월에 김칫독 터진다
🔍 김치를 담아 놓은 그릇이 터질 만큼 이월이 춥다는 말

붙임딱지

三

뜻	소리
석	삼

↳ 셋

저 집의 지붕은 삼각형 모양이네!

三	二	一			
석 삼	석 삼				

유래

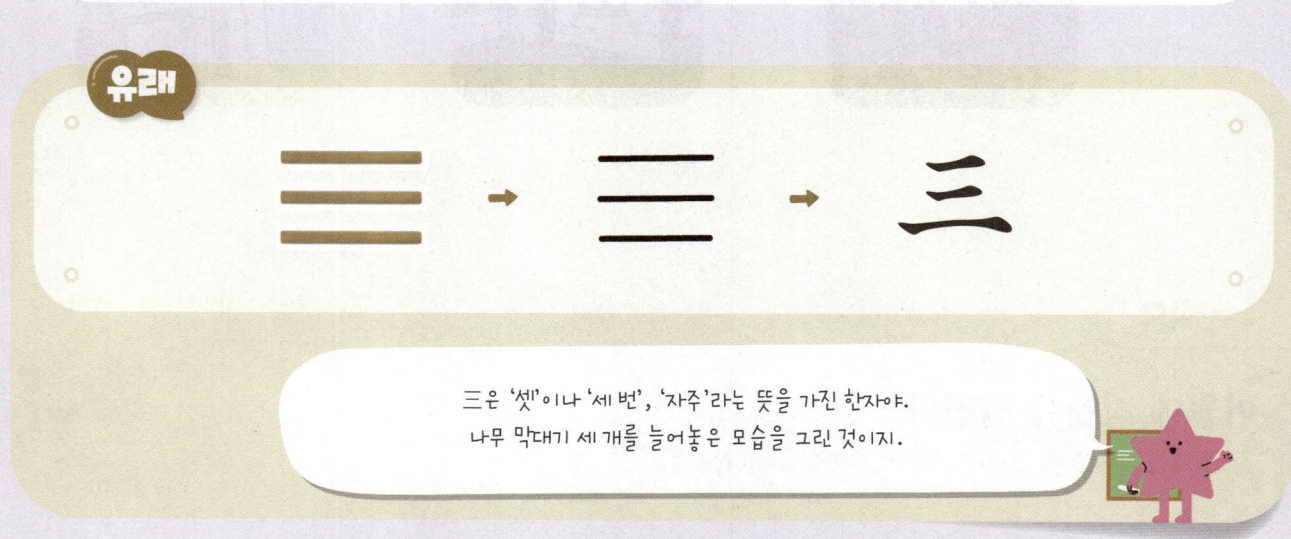

三은 '셋'이나 '세 번', '자주'라는 뜻을 가진 한자야.
나무 막대기 세 개를 늘어놓은 모습을 그린 것이지.

💡 '삼(三)'이 사용된 낱말에는 이런 것들이 있어요.

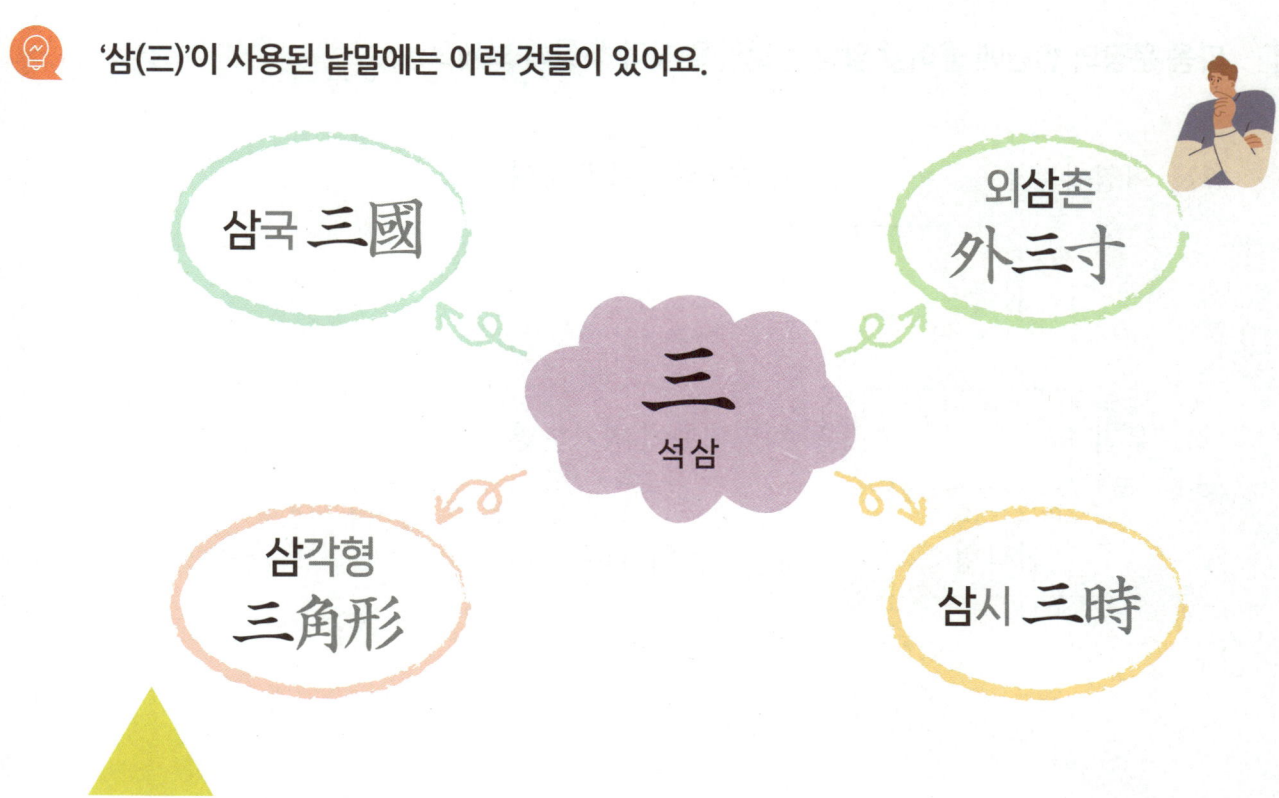

✏️ '삼(三)'이 사용된 위의 낱말 중 다음 뜻에 맞는 낱말은 무엇인지 써 보세요.

1 세 나라를 말해요. →

2 하루 중 세 번 먹는 밥 또는 그 밥을 먹는 때를 말해요. →

3 어머니의 남자 형제를 말해요. →

4 세 개의 선분으로 둘러싸인 도형 또는 세 개의 각이 있는 모양을 말해요. →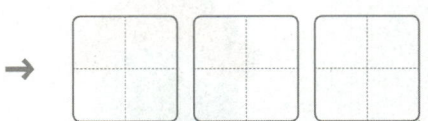

1 다음 문장의 빈칸에 들어갈 알맞은 낱말을 찾아 색칠해 보세요.

(1) 희연이는 [   ] 을/를 국수로 먹었다.

> 삼국   삼시

(2) 우리 [   ] 은 수영 대회에 참가하였다.

> 삼각형   외삼촌

2 다음 문장에 어울리는 낱말을 골라 ○표 하세요.

(1) 동생은 색종이를 (삼시 / 삼각형) 모양으로 접었다.

(2) 우리나라, 중국, 일본 (삼국 / 외삼촌)의 대표가 만났다.

3 다음 낱말을 넣어 그림에 어울리는 문장을 써 보세요.

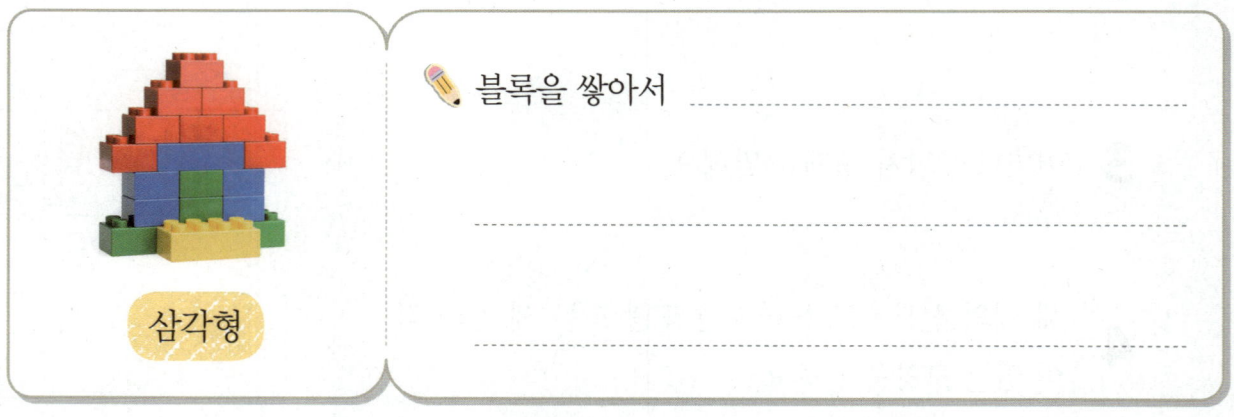

✏️ 블록을 쌓아서 ....

....

....

삼각형

📖 다음 글을 읽고 문제를 풀어 보세요.

외삼촌은 우리나라, 프랑스, 이탈리아 ㉠세 나라에서 미술을 공부하고 현재는 우리나라에서 화가로 활동하고 계신다. 외삼촌의 그림은 ㉡세 개의 선분으로 둘러싸인 도형을 여러 개 겹쳐서 표현하는 것이 특징이다.

어느 날 내가 외삼촌께 멋진 그림을 그릴 수 있는 비결을 여쭤보자 가장 중요한 건 그림에 대한 열정과 꾸준한 노력이라고 하셨다. 그리고 삼시 세끼 밥을 잘 먹는 것도 자신만의 비결이라고 말씀하셨다.

1 윗글의 ㉠, ㉡의 뜻을 가진 낱말을 써 보세요.

(1) ㉠: | ㅅ | ㄱ |

(2) ㉡: | ㅅ | ㄱ | ㅎ |

2 윗글의 내용으로 알맞은 것은 ○, 알맞지 <u>않은</u> 것은 X표 하세요.

(1) 외삼촌은 현재 프랑스에서 화가로 활동하고 있다. (○ ┊ ×)

(2) 외삼촌은 삼각형을 여러 개 겹쳐서 표현하는 그림을 그린다. (○ ┊ ×)

(3) 외삼촌은 멋진 그림을 그리려면 꾸준한 노력이 필요하다고 말했다. (○ ┊ ×)

우리말 **속담**

치고 보니 삼촌이라
🔍 어떤 행동을 하고 나서 알고 보니 매우 예의에 벗어나는 일이었음을 이르는 말

붙임딱지

공부한 날
월   일

한자능력 8급

四

뜻   소리

넉   사

넷

나는 **사**계절 중에서
봄이 제일 좋아.

四	四			
넉 사	넉 사			

유래

四는 숫자 '넷'을 뜻하는 한자야.
처음에는 막대기 네 개를 나란히 놓아 숫자 '사'를 나타내다가 숫자 三과 헷갈려서
지금의 四를 숫자 '사'로 쓰기 시작했대.

💡 '사(四)'가 사용된 날말에는 이런 것들이 있어요.

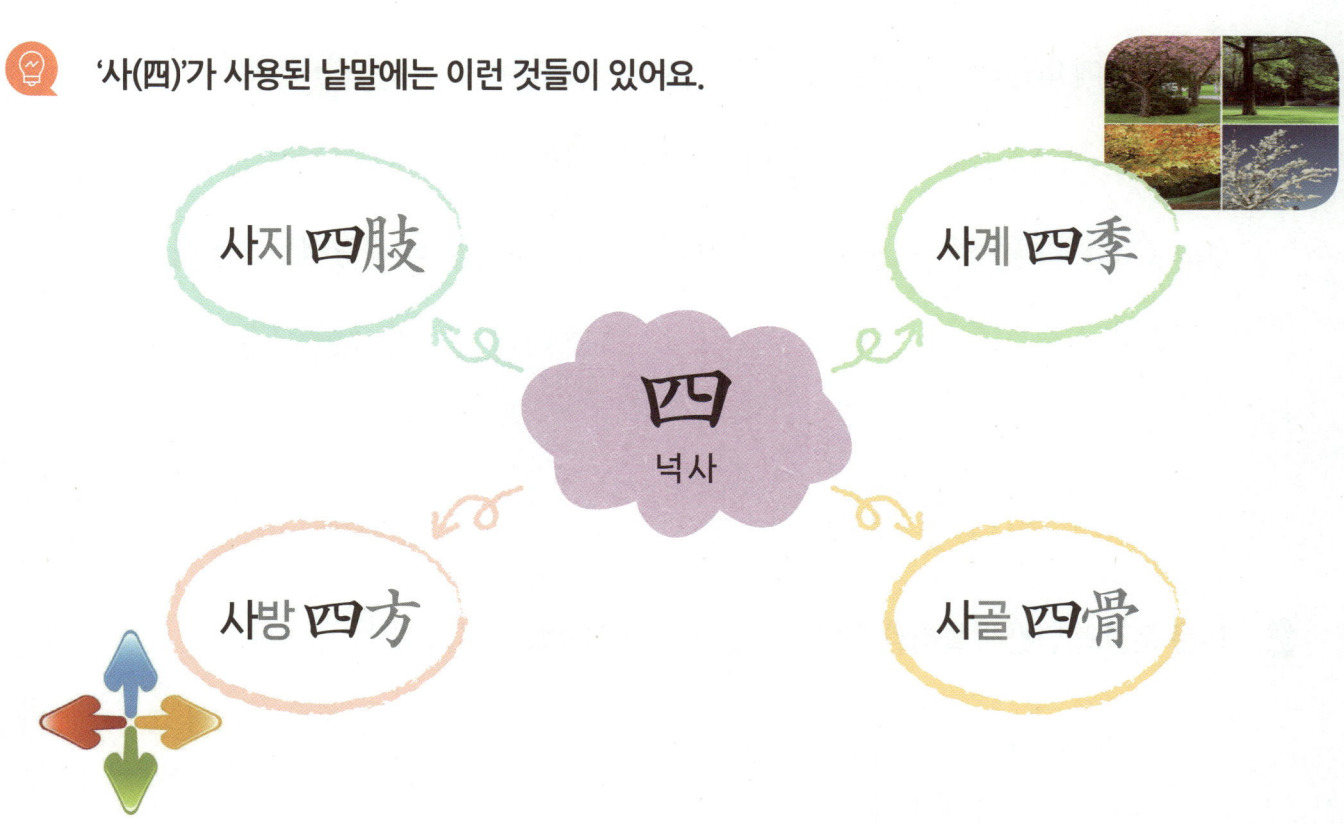

사지 四肢

사계 四季

四
넉 사

사방 四方

사골 四骨

✏️ '사(四)'가 사용된 위의 날말 중 다음 뜻에 맞는 날말은 무엇인지 써 보세요.

1 봄, 여름, 가을, 겨울을 말해요. →

2 동, 서, 남, 북 네 방향을 말해요. →

3 사람의 두 팔과 두 다리를 말해요. →

4 짐승, 특히 소의 네 다리뼈를 말해요. →

1 다음 문장에 어울리는 낱말을 골라 ○표 하세요.

(1) 기운이 없으니까 (사골 / 사방)을 끓여 먹어야겠다.

(2) 우리나라 (사계 / 사지)의 아름다운 모습에 많은 해외 관광객들이 찾아오고 있다.

2 다음 문장의 빈칸에 들어갈 알맞은 낱말을 찾아 선으로 이어 보세요.

(1) 종소리가 여기저기 (   ) (으)로 울려 퍼졌다.   ·

· 사지

(2) 피곤해서 그런지 오늘은 하루 종일 (   )에 힘이 없다.   ·

· 사방

3 다음 낱말을 넣어 그림에 어울리는 문장을 써 보세요.

사방

✏ _____

_____

_____ 둘러싸여 있어 매우 조용하다.

📖 다음 글을 읽고 문제를 풀어 보세요.

　　많은 사람들이 사계 중에 ㉠동, 서, 남, 북 네 방향에서 추운 바람이 부는 겨울이 되면 따끈한 사골국을 떠올려요. 사골국은 소의 다리뼈를 오랜 시간 끓여서 만든 국을 말해요.

　　사골국에는 콜라겐, 칼슘 등 여러 종류의 영양소가 들어 있어요. 그래서 임산부나 ㉡두 팔과 두 다리가 떨리고 몸이 약한 사람의 몸을 따뜻하게 만들어 주고 영양분을 보충해 준다고 해요.

1 윗글의 ㉠, ㉡의 뜻을 가진 낱말을 써 보세요.

(1) ㉠: ㅅ ㅂ　　　　　(2) ㉡: ㅅ ㅈ

2 윗글의 '사골국'에 대해 알맞게 말한 친구의 이름을 써 보세요.　　　(　　　　)

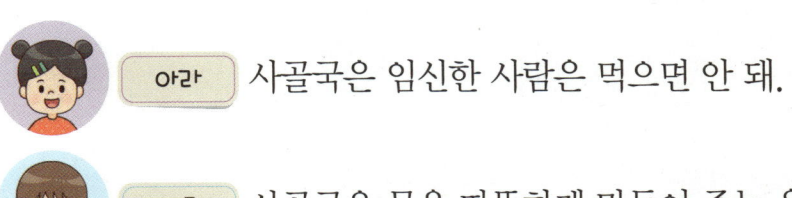

아라 사골국은 임신한 사람은 먹으면 안 돼.

정훈 사골국은 몸을 따뜻하게 만들어 주는 음식이야.

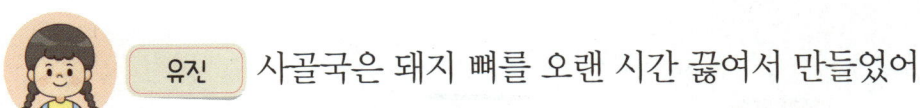

유진 사골국은 돼지 뼈를 오랜 시간 끓여서 만들었어.

우리말 **관용어**

사지를 못 쓰다
🔍 사람이 무엇에 반하거나 빠져서 꼼짝을 못 하는 것을 이르는 말

붙임딱지

한자능력 8급

五

뜻	소리
다섯	오

나는 초등학교 **오** 학년이야.

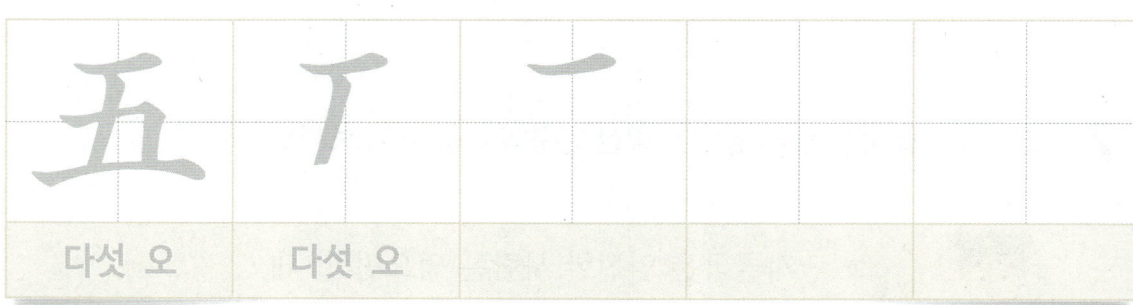

五	丆	一		
다섯 오	다섯 오			

 **유래**

𝕏 → 𝕏 → 五

五는 '다섯'이나 '다섯 번'이라는 뜻을 가진 한자야.
五는 나무 막대기를 엇갈려 놓은 모습을 그린 것이래.

💡 '오(五)'가 사용된 낱말에는 이런 것들이 있어요.

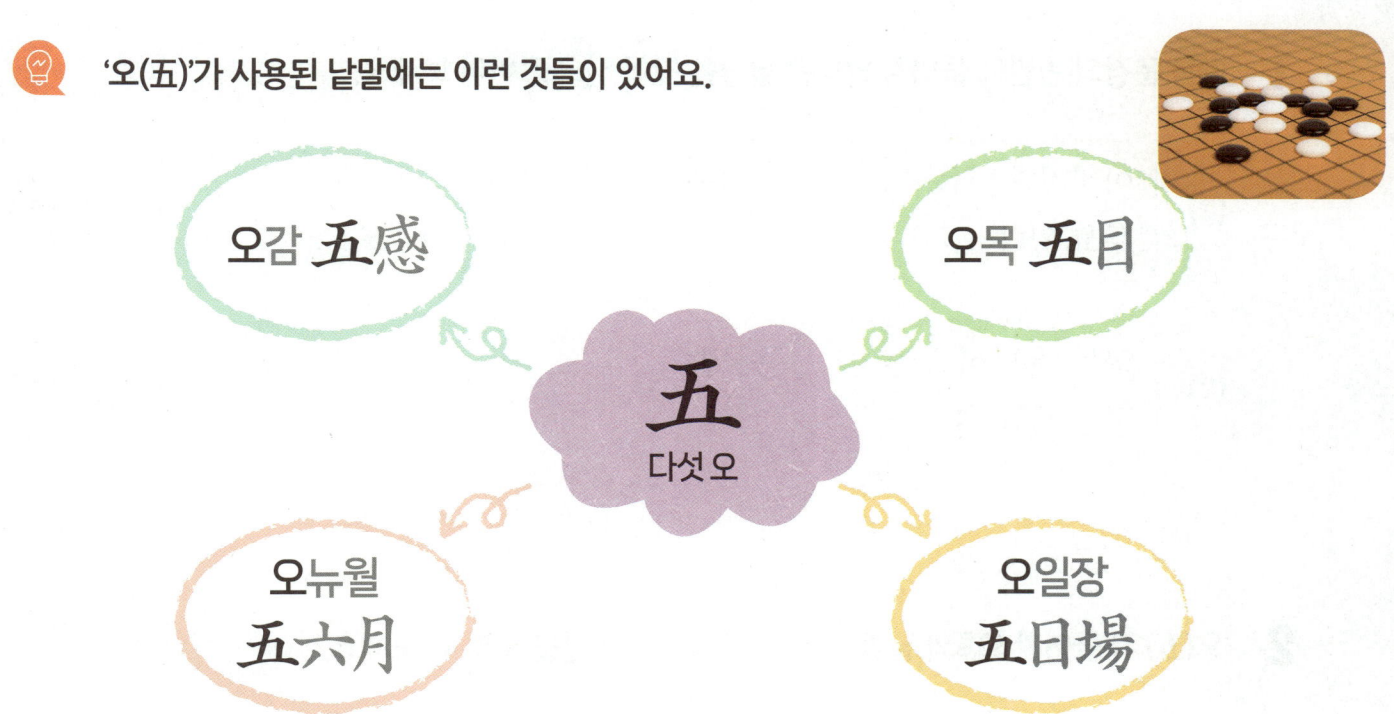

오감 五感

오목 五目

五
다섯 오

오뉴월
五六月

오일장
五日場

✏️ '오(五)'가 사용된 위의 낱말 중 다음 뜻에 맞는 낱말은 무엇인지 써 보세요.

1 시각, 청각, 후각, 미각, 촉각의 다섯 가지 감각을 말해요. →

2 외줄로 흰 돌이나 검은 돌 다섯 개를 이어서 먼저 놓는 사람이 이기는 바둑 놀이를 말해요. →
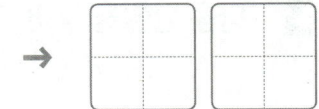

3 오 일에 한 번씩 서는 시장을 말해요. →
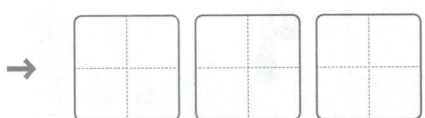

4 음력 오월과 유월이라는 뜻으로, 여름 한철을 말해요. →
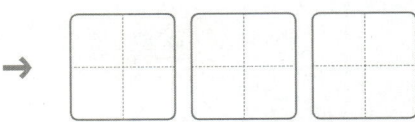

1 다음 문장의 빈칸에 들어갈 알맞은 낱말을 찾아 선으로 이어 보세요.

(1) 아버지와 아들이 (　　　　)을
두고 있다. ・

・ 오감

(2) 그는 유난히 (　　　　)이 발
달한 사람이다. ・

・ 오목

2 '오(五)'가 들어간 보기의 낱말 중 빈칸에 알맞은 낱말을 골라 써 보세요.

보기

오뉴월　　　　오일장

(1) 할머니께서 ☐☐☐ 에서 호박을 사 오셨다.

(2) ☐☐☐ 장마에 대비하여 집의 안과 밖을 점검하였다.

쓰기 활동

3 다음 낱말을 넣어 그림에 어울리는 문장을 써 보세요.

오목

✏️ 심심할 때는 ....

....

....

📖 다음 글을 읽고 문제를 풀어 보세요.

　　㉠오 일에 한 번씩 서는 시장에 가기 위해 길을 나섰다. 시장에 가는 길에 오뉴월의 햇볕을 받아 무럭무럭 자라는 벼를 보았더니 풍요로운 마음이 들었다.
　　도착한 시장에는 각종 먹거리가 펼쳐져 있었다. 시장 구석에 자리 잡은 국밥집에서는 ㉡다섯 가지 감각을 자극하는 맛있는 냄새가 났다. 다른 쪽에서는 나이가 지긋하신 어르신들이 오목을 하며 시간을 보내고 계셨다.

1 윗글의 ㉠, ㉡의 뜻을 가진 낱말을 써 보세요.

(1) ㉠:  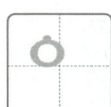 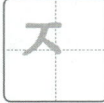　　(2) ㉡: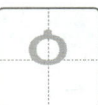

2 윗글의 글쓴이가 보지 <u>않은</u> 것은 무엇인가요?　　(　　　)

① 햇볕을 받은 벼
② 오목을 두는 아이들
③ 시장 구석에 있는 국밥집

우리말 **관용어**

오뉴월 엿가락
🔍 행동이나 말이 느리거나 길게 늘어진 모양을 이르는 말

붙임딱지

한자 놀이

낱말에 알맞은 한자어에 색칠하고 펭아를 만나러 가세요.

출발

三國

統一

삼시

제일

三時

五目

오감

第一　二十

五感

이십

四方

二重　二月

사방

이중

四季

二層

도착

똑똑 초등 한자 어휘 찾아보기

똑똑 초등 한자 어휘 1단계에는 이런 한자와 어휘를 담고 있어요!

한자

ㄱ

金 쇠 금 ──────────── 030쪽

ㄴ

南 남녘 남 ──────────── 048쪽
女 여자 녀(여) ──────── 082쪽
年 해 년(연) ─────────── 112쪽

ㄷ

大 큰 대 ────────────── 100쪽
東 동녘 동 ──────────── 040쪽

ㅁ

母 어머니 모 ─────────── 066쪽
木 나무 목 ──────────── 026쪽

ㅂ

父 아버지 부 ─────────── 070쪽
北 북녘 북 ──────────── 052쪽

ㅅ

四 넉 사 ────────────── 130쪽
三 석 삼 ────────────── 126쪽
生 날 생 ────────────── 086쪽
西 서녘 서 ──────────── 044쪽
小 작을 소 ──────────── 092쪽

ㅅ (수)

水 물 수 ────────────── 022쪽

ㅇ

五 다섯 오 ──────────── 134쪽
外 바깥 외 ──────────── 056쪽
月 달 월 ────────────── 014쪽
二 두 이 ────────────── 122쪽
人 사람 인 ──────────── 062쪽
日 날 일 ────────────── 010쪽
一 한 일 ────────────── 118쪽

ㅈ

長 긴 장 ────────────── 104쪽
弟 아우 제 ──────────── 078쪽
中 가운데 중 ─────────── 096쪽

ㅊ

寸 마디 촌 ──────────── 108쪽

ㅌ

土 흙 토 ────────────── 034쪽

ㅎ

兄 형 형 ────────────── 074쪽
火 불 화 ────────────── 018쪽

어휘 ㄱ~ㅅ

ㄱ

강남 江南   049쪽
거인 巨人   063쪽
고목 古木   027쪽
국토 國土   035쪽
금속 金屬   031쪽

ㄴ

남극 南極   049쪽
남북 南北   049쪽
남향 南向   049쪽
내년 來年   113쪽
내일 來日   011쪽
냉수 冷水   023쪽
농토 農土   035쪽

ㄷ

대서양 大西洋   045쪽
대중 大衆   101쪽
대형 大型   101쪽
대회 大會   101쪽
도중 途中   097쪽
동대문 東大門   041쪽
동부 東部   041쪽
동양 東洋   041쪽
동해 東海   041쪽

ㅁ

매일 每日   011쪽
모녀 母女   067쪽
목수 木手   027쪽
목재 木材   027쪽
묘목 苗木   027쪽

ㅂ

부모 父母   067쪽
부자 父子   071쪽
부친 父親   071쪽
북극성 北極星   053쪽
북부 北部   053쪽
북어 北魚   053쪽
북한 北韓   053쪽

ㅅ

사계 四季   131쪽
사골 四骨   131쪽
사방 四方   131쪽
사지 四肢   131쪽
사촌 四寸   109쪽
삼각형 三角形   127쪽
삼국 三國   127쪽
삼시 三時   127쪽
삼촌 三寸   109쪽
상인 商人   063쪽
생일 生日   011쪽
서양 西洋   045쪽
서풍 西風   045쪽
서학 西學   045쪽
선생 先生   087쪽
성장 成長   105쪽
세금 稅金   031쪽
세월 歲月   015쪽
소아 小兒   093쪽
소외 疏外   057쪽
소형 小型   093쪽
소화 消火   019쪽
수영 水泳   023쪽
수질 水質   023쪽
숙부 叔父   071쪽

어휘 ㅇ~ㅎ

ㅇ

애인 愛人		063쪽
여왕 女王		083쪽
연도 年度		113쪽
연장 延長		105쪽
오감 五感		135쪽
오뉴월 五六月		135쪽
오목 五目		135쪽
오일장 五日場		135쪽
외모 外貌		057쪽
외삼촌 外三寸		127쪽
외출 外出		057쪽
월급 月給		015쪽
월세 月貰		015쪽
월초 月初		015쪽
이모 姨母		067쪽
이십 二十		123쪽
이월 二月		123쪽
이중 二重		123쪽
이층 二層		123쪽
인상 人相		063쪽
인생 人生		087쪽
일기 日記		011쪽
일부 一部		119쪽
일주일 一週日		119쪽

ㅈ

자녀 子女		083쪽
자제 子弟		079쪽
작년 昨年		113쪽
장기 長期		105쪽
장단 長短		105쪽
장모 丈母		067쪽
저금 貯金		031쪽
점화 點火		019쪽
제수 弟嫂		079쪽
제일 第一		119쪽

제자 弟子		079쪽
조부 祖父		071쪽
중간 中間		097쪽
중순 中旬		097쪽
중심 中心		097쪽

ㅊ

처제 妻弟		079쪽
촌각 寸刻		109쪽
촌수 寸數		109쪽
최소 最小		093쪽
축소 縮小		093쪽
출생 出生		087쪽
친형 親兄		075쪽

ㅌ

토양 土壤		035쪽
토지 土地		035쪽
통일 統一		119쪽

ㅍ

풍년 豊年		113쪽

ㅎ

학부형 學父兄		075쪽
학생 學生		087쪽
해녀 海女		083쪽
해외 海外		057쪽
형수 兄嫂		075쪽
형제 兄弟		075쪽
홍수 洪水		023쪽
화상 火傷		019쪽
화재 火災		019쪽
확대 擴大		101쪽
황금 黃金		031쪽
효녀 孝女		083쪽

한자 놀이

빈칸에 들어갈 알맞은 한자어를 써서 예쁜 꽃을 완성하세요.

한자 놀이

이름에 알맞은 한자를 찾아야 친구들이 집에 갈 수 있어요.
알맞은 한자를 찾아 색칠해 보세요.

한자 놀이

빈칸에 들어갈 알맞은 한자를 들고 있는 동물 친구를 찾아
동그라미 하세요.

한자 놀이

원숭이들이 어디를 잡아야 바나나를 먹을 수 있을까요?
한자의 알맞은 소리를 찾아 색칠해 보세요.

한자 놀이

낱말에 알맞은 한자어에 색칠하고 펭아를 만나러 가세요.

똑똑 초등 한자 어휘 1단계 붙임딱지

하루 공부를 끝낼 때마다 붙임딱지를 붙여 보세요.

똑똑 초등 한자 어휘는

한자 어휘 - 문장 - 글의 단계적 학습으로
문해력을 기를 수 있는 교재입니다.

낱말 알아보기
교과서 및 일상 어휘, 한자능력검정시험에서 선별한
주제별 한자와 관련 어휘를 배울 수 있습니다.

문제 풀기
학습한 어휘의 문맥적 의미를 파악하는 문제를 통해
실제 쓰임을 익히고, 쓰기 활동을 통해 쓰기 능력을 기를 수 있습니다.

글로 익히기
어휘가 사용된 글을 독해하며 어휘의 의미를 되새기고
독해 문제를 풀며 문해력을 키울 수 있습니다.

이투스북

똑똑

초등 한자 어휘

자기 주도형

심화 학습 노트

● 한자 쓰기 노트 및 확인 문제 　● 한자능력검정시험 모의 문제

1단계 ┃ 씨앗　　예비 초등

자기 주도형
심화 학습 노트

• 본책에서 일차별로 학습한 내용을 이 책 안에 정리해 보세요.

자연 01 .... 02쪽	사람 05 .... 34쪽
자연 02 .... 04쪽	사람 06 .... 36쪽
자연 03 .... 06쪽	사람 07 .... 38쪽
자연 04 .... 08쪽	크기 01 .... 40쪽
자연 05 .... 10쪽	크기 02 .... 42쪽
자연 06 .... 12쪽	크기 03 .... 44쪽
자연 07 .... 14쪽	크기 04 .... 46쪽
방향 01 .... 16쪽	크기 05 .... 48쪽
방향 02 .... 18쪽	크기 06 .... 50쪽
방향 03 .... 20쪽	숫자 01 .... 52쪽
방향 04 .... 22쪽	숫자 02 .... 54쪽
방향 05 .... 24쪽	숫자 03 .... 56쪽
사람 01 .... 26쪽	숫자 04 .... 58쪽
사람 02 .... 28쪽	숫자 05 .... 60쪽
사람 03 .... 30쪽	
사람 04 .... 32쪽	한자능력검정시험 모의 문제 63쪽

 오늘 배운 한자를 다시 써 보세요.

날 일

 오늘 배운 한자를 다시 익혀 보세요.

1 다음 한자의 읽는 소리를 써 보세요.

(1) 生 (   )   (2) 記 (   )

2 다음 밑줄 친 말에 해당하는 한자를 보기 에서 찾아 써 보세요.

보기

每   來   日

(1) 오늘이 월요일이니까 <u>내일</u>은 화요일이다.   → _____

(2) 나는 건강을 위해 <u>매일</u> 아침마다 사과를 먹는다.   → _____

 오늘 배운 낱말을 확인해 보세요.

1 다음 문장에 어울리는 낱말을 골라 ○표 하세요.

(1) 우리 동네 축제가 (내일 / 일기) 시작된다.

(2) 할아버지께서는 (일기 / 매일) 마당을 청소하신다.

(3) 어머니께서 (매일 / 생일) 선물로 컴퓨터를 사 주셨다.

2 '일(日)'이 들어간 보기 의 낱말 중 빈칸에 알맞은 낱말을 골라 써 보세요.

보기

| 매일 | 생일 | 일기 |

(1) 주하는 작은 수첩에 〔　　　〕을/를 썼다.

(2) 은지는 〔　　　〕을/를 맞아 놀이공원에 갔다.

(3) 언니는 〔　　　〕저녁마다 한 시간씩 걷기 운동을 한다.

맞힌 개수 　　/ 10　　오늘 배운 한자　日 來 記 生 每

공부한 날 □ 월 □ 일

 오늘 배운 한자를 다시 써 보세요.

달 월

 오늘 배운 한자를 다시 익혀 보세요.

1 다음 한자의 읽는 소리를 써 보세요.

(1) 歲 ( )   (2) 給 ( )

2 다음 소리에 해당하는 한자를 보기 에서 찾아 써 보세요.

보기

貰   初

(1) 세 → _____   (2) 초 → _____

 오늘 배운 낱말을 확인해 보세요.

1 '월(月)'이 들어간 **보기** 의 낱말 중 빈칸에 알맞은 낱말을 골라 써 보세요.

보기

| 월급 | 월세 | 월초 |

(1) 이 방은 [   ] 이/가 비싸다.

(2) 우리 학교는 다음 달 [   ] 까지 방학이다.

(3) 사장님이 직원에게 금요일에 [   ] 을/를 주겠다고 말했다.

2 다음 문장에 어울리는 낱말을 골라 ○표 하세요.

(1) (세월 / 월급)이 지나면 나무가 자란다.

(2) (세월 / 월초)마다 모둠 대표를 바꾼다.

(3) 그 가족은 옥탑방에서 (월세 / 월초)를 내며 살고 있다.

맞힌 개수 　　／10 　　오늘 배운 한자 　月 初 貰 給 歲

 오늘 배운 한자를 다시 써 보세요.

불 화

 오늘 배운 한자를 다시 익혀 보세요.

1 다음 한자의 읽는 소리를 써 보세요.

(1) 傷 (   )   (2) 點 (   )

2 다음 밑줄 친 말에 해당하는 한자를 보기에서 찾아 써 보세요.

보기

火   災   消

(1) 이번 달은 우리 학교 화재 예방 기간이다.   → _____

(2) 화재 현장에 도착한 소방관은 소화 작업에 들어갔다. → _____

 오늘 배운 낱말을 확인해 보세요.

1 다음 문장에 어울리는 낱말을 골라 ○표 하세요.

(1) 손에 뜨거운 물을 쏟아서 (화상 / 점화)을/를 입었다.

(2) 다행히 불이 금방 (소화 / 점화)되어 산불이 나지 않았다.

(3) (화상 / 화재)이/가 발생하면 빠른 시간 내에 소방차가 와야 한다.

2 다음 문장의 빈칸에 들어갈 알맞은 낱말을 찾아 선으로 이어 보세요.

(1) (   )로 이웃집이 모두 타 버렸다. •   • 소화

(2) 생일잔치를 하려고 식탁에 있는 촛불에 (   )했다. •   • 점화

(3) 공원에 불이 난 지 십 분 만에 (   ) 작업을 끝냈다. •   • 화재

 맞힌 개수   / 10   오늘 배운 한자   火 點 消 災 傷

 오늘 배운 한자를 다시 써 보세요.

물 수

 오늘 배운 한자를 다시 익혀 보세요.

1 다음 한자의 읽는 소리를 써 보세요.

(1) 泳 (　　　　)　　　(2) 質 (　　　　)

2 다음 소리에 해당하는 한자를 보기 에서 찾아 써 보세요.

보기

冷　　　　洪

(1) 냉 → _____　　　(2) 홍 → _____

 오늘 배운 낱말을 확인해 보세요.

1 다음 문장에 어울리는 낱말을 골라 ○표 하세요.

(1) 상호는 (수질 / 냉수)을/를 벌컥벌컥 마셨다.

(2) (홍수 / 수질) 피해가 생기지 않도록 댐을 고치고 있다.

(3) 저수지 팻말에는 (수영 / 홍수) 금지 구역이라고 쓰여 있었다.

2 다음 문장의 빈칸에 들어갈 알맞은 낱말을 찾아 색칠해 보세요.

(1) 올해 [   ] 때문에 고향 땅이 물에 잠겼다.

> 홍수   냉수

(2) 나는 [   ] 교실에서 초급반에 들어갔다.

> 수질   수영

(3) 공장에서 나온 물은 [   ] 이/가 좋지 않았다.

> 수질   홍수

 맞힌 개수   / 10   오늘 배운 한자   水 質 冷 泳 洪

공부한 날   월   일

 오늘 배운 한자를 다시 써 보세요.

나무 목

 오늘 배운 한자를 다시 익혀 보세요.

1 다음 한자의 읽는 소리를 써 보세요.

(1) 材 (   )   (2) 苗 (   )

2 다음 밑줄 친 말에 해당하는 한자를 보기 에서 찾아 써 보세요.

古   木   手

(1) <u>목수</u>는 톱으로 나무를 잘랐다.   → _____

(2) 사람들이 커다란 <u>고목</u> 아래에서 쉬고 있다.   → _____

 **오늘 배운 낱말을 확인해 보세요.**

1 다음 문장에 어울리는 낱말을 골라 ○표 하세요.

(1) (고목 / 목수)들이 나무토막을 다듬기 시작했다.

(2) 공사장에 쌓아 놓은 (목수 / 목재)가 무너져 있었다.

(3) 지훈이는 앞마당에 느티나무 (목재 / 묘목)을/를 심었다.

2 다음 문장의 빈칸에 들어갈 알맞은 낱말을 찾아 선으로 이어 보세요.

(1) 커다란 (   )에 매미가 붙어 있다. ·   · 목수

(2) 우리 가족은 앞산에 (   )을/를 심었다. ·   · 고목

(3) 솜씨 좋은 (   )에게 옷장을 만들어 달라고 했다. ·   · 묘목

👍 맞힌 개수   / 10   ⭐ 오늘 배운 한자   木 手 苗 材 古

공부한 날　　월　　일

 오늘 배운 한자를 다시 써 보세요.

쇠 금

 오늘 배운 한자를 다시 익혀 보세요.

1 다음 한자의 읽는 소리를 써 보세요.

(1) 屬　（　　　　）　　　　(2) 貯　（　　　　）

2 다음 소리에 해당하는 한자를 보기 에서 찾아 써 보세요.

> 보기
>
> 黃　　　稅

(1) 세 ➡ ＿＿＿＿＿　　　　(2) 황 ➡ ＿＿＿＿＿

 오늘 배운 낱말을 확인해 보세요.

1 다음 문장에 어울리는 낱말을 골라 ○표 하세요.

(1) 지아는 (황금 / 세금)을 사서 모으고 있다.

(2) 이 (금속 / 저금)은 높은 열에도 잘 녹지 않는다.

(3) 아버지는 매년 나라에 (금속 / 세금)을 꼬박꼬박 내셨다.

2 '금(金)'이 들어간 보기의 낱말 중 빈칸에 알맞은 낱말을 골라 써 보세요.

> 보기
>
> 세금   저금   황금

(1) 국민들로부터 [   ]을 거두어들였다.

(2) 하나는 [   ]으로 만든 팔찌를 차고 있다.

(3) 동생은 집에 있는 동전을 모아 [   ]을 했다.

맞힌 개수   / 10    오늘 배운 한자   金 屬 黃 貯 稅

 오늘 배운 한자를 다시 써 보세요.

흙 토

오늘 배운 한자를 다시 익혀 보세요.

1 다음 한자의 읽는 소리를 써 보세요.

(1) 農 (   )   (2) 壤 (   )

2 다음 밑줄 친 말에 해당하는 한자를 보기 에서 찾아 써 보세요.

보기

國   土   地

(1) 우리는 전 국토를 구석구석 돌아다녔다.   → _____

(2) 아버지는 집을 지으려고 토지를 구입하셨다.   → _____

 오늘 배운 낱말을 확인해 보세요.

1 '토(土)'가 들어간 보기의 낱말 중 빈칸에 알맞은 낱말을 골라 써 보세요.

> 보기
>
> 토양   국토   농토

(1) 고속 도로 건설은 [   ] 개발의 한 종류이다.

(2) 이 소나무는 강한 바람과 거친 [   ]에서도 잘 자란다.

(3) 경사가 있는 땅도 잘 가꾸면 채소를 심는 [   ](으)로 만들
수 있다.

2 다음 문장에 어울리는 낱말을 골라 ○표 하세요.

(1) 그는 가지고 있던 (국토 / 토지)를 팔았다.

(2) 우리나라는 (토양 / 국토)의 대부분이 산으로 되어 있다.

(3) 농부는 거친 땅을 벼를 심는 (농토 / 토양)(으)로 가꾸었다.

맞힌 개수   / 10   오늘 배운 한자   土 地 國 壤 農

 오늘 배운 한자를 다시 써 보세요.

東
동녘 동

 오늘 배운 한자를 다시 익혀 보세요.

1 다음 한자의 읽는 소리를 써 보세요.

(1) 部 (   )   (2) 海 (   )

2 다음 소리에 해당하는 한자를 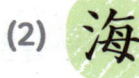에서 찾아 써 보세요.

보기

門   大   洋

(1) 대 → _____   (2) 문 → _____   (3) 양 → _____

 오늘 배운 낱말을 확인해 보세요.

1 다음 문장의 빈칸에 들어갈 알맞은 낱말을 찾아 선으로 이어 보세요.

(1) (   )은/는 서울시 종로구에 있다. · · 동부

(2) (   ) 지방의 기온이 33도까지 올랐다. · · 동해

(3) (   )에서는 명태, 오징어 등이 잡힌다. · · 동대문

2 다음 문장의 빈칸에 들어갈 알맞은 낱말을 찾아 색칠해 보세요.

(1) [   ] 와/과 서양은 생활 방식이 다르다.

동해   동양

(2) [   ] 에서 수영한 경험은 가족들의 기억에 남아 있다.

동해   동대문

 맞힌 개수   / 10   오늘 배운 한자   東 海 洋 部 大 門

 오늘 배운 한자를 다시 써 보세요.

서녘 서

 오늘 배운 한자를 다시 익혀 보세요.

1 다음 한자의 읽는 소리를 써 보세요.

(1) 洋　（　　　　） 　　(2) 學　（　　　　）

2 다음 밑줄 친 말에 해당하는 한자를 보기 에서 찾아 써 보세요.

보기

西　　大　　風　　洋

(1) <u>서풍</u>이 살랑살랑 불기 시작한다.　　→ ＿＿＿＿＿

(2) 이 커다란 배는 <u>대서양</u>을 지난다.　　→ ＿＿＿＿＿

 오늘 배운 낱말을 확인해 보세요.

1 다음 문장에 어울리는 낱말을 골라 ○표 하세요.

(1) 김 교수는 (서양 / 서풍)의 언어를 연구하고 있다.

(2) 그들이 탄 비행기는 (서학 / 대서양)을 비행하고 있다.

(3) 아침에는 (서풍 / 서학)이 강하게 불었는데 지금은 멈췄다.

2 '서(西)'가 들어간 **보기**의 낱말 중 빈칸에 알맞은 낱말을 골라 써 보세요.

> **보기**
>
> 서풍   서학   대서양

(1) 할아버지는 [   ] 책을 많이 읽으셨다.

(2) 언덕에서는 [   ]이 기분 좋게 불어왔다.

(3) 그 미술관에는 [   ]을 건너온 조각 작품이 있다.

맞힌 개수   / 10   오늘 배운 한자   西 學 洋 風 大

오늘 배운 한자를 다시 써 보세요.

남녘 남

오늘 배운 한자를 다시 익혀 보세요.

1 다음 한자의 읽는 소리를 써 보세요.

(1) 極 (   )   (2) 北 (   )

2 다음 소리에 해당하는 한자를 에서 찾아 써 보세요.

보기

向   江

(1) 강 → _____   (2) 향 → _____

 오늘 배운 낱말을 확인해 보세요.

1 '남(南)'이 들어간 <보기>의 낱말 중 빈칸에 알맞은 낱말을 골라 써 보세요.

보기

강남   남극   남향

(1) 오늘 친구와 [   ]에 있는 음식점에서 만나기로 했다.

(2) 우리나라 사람들은 [   ]으로 지어진 건물을 좋아한다.

(3) 북극 탐험을 했던 탐험대가 이번에는 [   ] 탐험을 계획하고 있다.

2 다음 문장에 어울리는 낱말을 골라 ○표 하세요.

(1) 우리나라는 한 민족이 (남극 / 남북)으로 갈라졌다.

(2) (강남 / 남향)으로 지은 집이 동향으로 지은 집보다 따뜻하다.

(3) 서울은 강을 기준으로 강북과 (강남 / 남향)으로 나눌 수 있다.

맞힌 개수 / 10   오늘 배운 한자   南 北 江 向 極

공부한 날 월 일

 오늘 배운 한자를 다시 써 보세요.

북녘 북

 오늘 배운 한자를 다시 익혀 보세요.

1 다음 한자의 읽는 소리를 써 보세요.

(1) 部 (   )   (2) 韓 (   )

2 다음 밑줄 친 말에 해당하는 한자를 보기 에서 찾아 써 보세요.

보기

北   星   魚   極

(1) 그는 키가 작았고 <u>북어</u>처럼 마른 사내였다.   → _____

(2) 선원들은 배를 탈 때 <u>북극성</u>을 보며 길을 찾았다.   → _____

 오늘 배운 낱말을 확인해 보세요.

1 다음 문장의 빈칸에 들어갈 알맞은 낱말을 찾아 선으로 이어 보세요.

(1) 방금 (   ) 옆의 별이 움직였다.   •   • 북어

(2) 캐나다 (   )에는 사람이 거의 살지 않는다.   •   • 북부

(3) 할머니의 보따리에는 (   ) 이/가 들어 있었다.   •   • 북극성

2 '북(北)'이 들어간 보기 의 낱말 중 빈칸에 알맞은 낱말을 골라 써 보세요.

보기

북한   북어   북극성

(1) 밤하늘에 [   ] 이/가 반짝이고 있다.

(2) 아침에는 [   ] 을/를 넣고 끓인 국이 최고이다.

(3) [   ] 의 삶의 방식은 남한과 큰 차이를 보인다.

맞힌 개수   / 10   오늘 배운 한자   北 魚 韓 部 極 星

 오늘 배운 한자를 다시 써 보세요.

바깥 외

 오늘 배운 한자를 다시 익혀 보세요.

1 다음 한자의 읽는 소리를 써 보세요.

(1) 疏 (　　　　) 　　 (2) 貌 (　　　　)

2 다음 소리에 해당하는 한자를 보기 에서 찾아 써 보세요.

보기

出　　海

(1) 출 → ＿＿＿＿＿ 　　 (2) 해 → ＿＿＿＿＿

 오늘 배운 낱말을 확인해 보세요.

1 다음 문장의 빈칸에 들어갈 알맞은 낱말을 찾아 선으로 이어 보세요.

(1) 주희는 다른 친구들에게 ( )을/를 당했다. • • 외출

(2) 우리 반 반장의 ( ) 은/는 깔끔하고 단정하다. • • 소외

(3) 주영이는 친구들을 만나려고 ( )을/를 하였다. • • 외모

2 다음 문장에 어울리는 낱말을 골라 ○표 하세요.

(1) 아버지는 (해외 / 외모)에 자주 나가신다.

(2) 정민이는 자신의 (외모 / 외출)을/를 열심히 가꾼다.

(3) 아버지께서는 잠깐 (소외 / 외출)할 때에도 꼭 구두를 신으셨다.

맞힌 개수 / 10 오늘 배운 한자 外 貌 疏 出 海

공부한 날　　월　　일

오늘 배운 한자를 다시 써 보세요.

人
사람 인

오늘 배운 한자를 다시 익혀 보세요.

1 다음 한자의 읽는 소리를 써 보세요.

(1) 商 (　　　　)　　　　(2) 相 (　　　　)

2 다음 밑줄 친 말에 해당하는 한자를 보기 에서 찾아 써 보세요.

보기

巨　　人　　愛

(1) 저 남자와 여자는 <u>애인</u> 사이이다.　　　→ _____

(2) <u>거인</u>이 움직이자 발자국마다 땅이 움푹 파였다.　　→ _____

 오늘 배운 낱말을 확인해 보세요.

1 '인(人)'이 들어간 **보기**의 낱말 중 빈칸에 알맞은 낱말을 골라 써 보세요.

> **보기**
>
> 애인   상인   인상

(1) 동대문 시장에는 옷을 파는 [   ]이 많다.

(2) 동생은 배가 아파서 [   ]을 찌푸리고 있었다.

(3) 이모는 자신의 [   ]이 세상에서 가장 멋있어 보였다.

2 다음 문장에 어울리는 낱말을 골라 ○표 하세요.

(1) 작년에 언니는 사랑하는 (애인 / 거인)과 헤어졌다.

(2) 그는 몸집이 산만한 (상인 / 거인)을 보고 겁에 질렸다.

(3) 채소 가게 (인상 / 상인)은 여러 가지 야채를 판매하였다.

맞힌 개수   / 10   오늘 배운 한자   人 相 愛 商 巨

 오늘 배운 한자를 다시 써 보세요.

母
어머니 모

 오늘 배운 한자를 다시 익혀 보세요.

1 다음 한자의 읽는 소리를 써 보세요.

(1) 丈 (　　　　) 　　　 (2) 姨 (　　　　)

2 다음 소리에 해당하는 한자를 보기 에서 찾아 써 보세요.

보기

父　　母　　女

(1) 녀 ➡ ＿＿＿＿ 　(2) 모 ➡ ＿＿＿＿ 　(3) 부 ➡ ＿＿＿＿

 오늘 배운 낱말을 확인해 보세요.

1 다음 문장의 빈칸에 들어갈 알맞은 낱말을 찾아 색칠해 보세요.

(1) 재희는 [   ]님께 편지를 썼다.

모녀   부모

(2) [   ]는 딸의 남편이 왔다며 맛있는 음식을 준비했다.

장모   부모

2 다음 문장의 빈칸에 들어갈 알맞은 낱말을 찾아 선으로 이어 보세요.

(1) 어머니와 누나 (   )는 자전거를 타고 갔다.   • 부모

(2) 나는 (   )님의 가르침에 따라 아침마다 책을 읽는다.   • 모녀

(3) 우리 엄마와 (   )는 자매인데도 조금도 닮지 않았다.   • 이모

맞힌 개수   / 10   오늘 배운 한자   母 姨 父 女 丈

오늘 배운 한자를 다시 써 보세요.

父
아버지 부

오늘 배운 한자를 다시 익혀 보세요.

1　다음 한자의 읽는 소리를 써 보세요.

(1) 親　(　　　　)　　　(2) 叔　(　　　　)

2　다음 밑줄 친 말에 해당하는 한자를 **보기**에서 찾아 써 보세요.

보기

子　　　祖　　　父

(1)　옆집 부자는 주말마다 함께 등산을 한다.　　→ _____

(2)　나의 조부님은 독립 운동에 목숨을 바치신 분이다.　→ _____

 오늘 배운 낱말을 확인해 보세요.

1 '부(父)'가 들어간 보기의 낱말 중 빈칸에 알맞은 낱말을 골라 써 보세요.

보기

| 숙부 | 부자 | 부친 |

(1) 옆집 ☐ 은/는 서로 많이 닮았다.

(2) 선호는 ☐ 의 말을 잘 듣는 아들이었다.

(3) ☐ 은/는 우리 아버지와 네 살 차이가 난다.

2 다음 문장에 어울리는 낱말을 골라 ○표 하세요.

(1) 그는 어린 시절 (숙부 / 부자)네 집에서 살았다.

(2) (숙부 / 조부)께서는 손자를 매우 귀여워하셨다.

(3) 원희의 친할머니는 사랑으로 원희의 (부자 / 부친)을/를 키웠다.

맞힌 개수 / 10   오늘 배운 한자 父 親 祖 子 叔

 오늘 배운 한자를 다시 써 보세요.

형 형

 오늘 배운 한자를 다시 익혀 보세요.

1 다음 한자의 읽는 소리를 써 보세요.

(1) 嫂 (   )   (2) 父 (   )

2 다음 소리에 해당하는 한자를 에서 찾아 써 보세요.

보기

學   弟   親

(1) 친 → _____   (2) 제 → _____   (3) 학 → _____

 오늘 배운 낱말을 확인해 보세요.

1 다음 문장의 빈칸에 들어갈 알맞은 낱말을 찾아 색칠해 보세요.

(1) 학교에서는 모든 ⬜ 들에게 안내문을 보냈다.

형수   학부형

(2) 형과 ⬜ 는 놀란 표정으로 나를 쳐다보았다.

형수   형제

(3) 우리 학교 전교 회장은 호준이의 두 살 많은 ⬜ 이다.

친형   학부형

2 '형(兄)'이 들어간 보기의 낱말 중 빈칸에 알맞은 낱말을 골라 써 보세요.

보기

형제   학부형

(1) 아버지는 우리 두 ⬜ 을/를 믿고 계신다.

(2) ⬜ 들은 학급 행사에 참여하기 위해 교실에 모였다.

맞힌 개수   / 10   ⭐ 오늘 배운 한자   兄 嫂 親 弟 學 父

 오늘 배운 한자를 다시 써 보세요.

아우 제

 오늘 배운 한자를 다시 익혀 보세요.

1 다음 한자의 읽는 소리를 써 보세요.

(1) 妻 (   )   (2) 嫂 (   )

2 다음 밑줄 친 말에 해당하는 한자를 보기 에서 찾아 써 보세요.

보기

子   妻   弟

(1) 문 선생님을 보러 옛날 <u>제자</u>들이 찾아왔다.   → _____

(2) 막내 <u>처제</u>는 유치원에서 아이들을 돌보고 있다.   → _____

 오늘 배운 낱말을 확인해 보세요.

1 다음 문장의 빈칸에 들어갈 알맞은 낱말을 찾아 선으로 이어 보세요.

(1) ( )는 요리를 하고 동생은 옆에서 도왔다. · · 제수

(2) 교장 선생님 댁에는 아들과 딸 ( )가 두 명 있다. · · 제자

(3) ( )들은 그들의 선생님을 따라 봉사 활동을 하였다. · · 자제

2 다음 문장에 어울리는 낱말을 골라 ○표 하세요.

(1) 동생은 (자제 / 제수)와 이 년 전에 결혼했다.

(2) 언니의 남편에게 (제자 / 처제)가 고마움을 전했다.

(3) 선생님은 자신이 가르쳤던 (제자 / 제수)를 보고 기뻐하셨다.

맞힌 개수 / 10   오늘 배운 한자   弟 妻 嫂 子

 오늘 배운 한자를 다시 써 보세요.

여자 녀(여)

 오늘 배운 한자를 다시 익혀 보세요.

1 다음 한자의 읽는 소리를 써 보세요.

(1) 子　(　　　　)　　　　　(2) 王　(　　　　)

2 다음 소리에 해당하는 한자를 에서 찾아 써 보세요.

> 보기
>
> 孝　　　　 海

(1) 해 → ＿＿＿＿＿　　　　(2) 효 → ＿＿＿＿＿

 오늘 배운 낱말을 확인해 보세요.

1 다음 문장의 빈칸에 들어갈 알맞은 낱말을 찾아 색칠해 보세요.

(1) 부모님은 (여왕 / 자녀) 교육에 관심이 많았다.

(2) (여왕 / 효녀)은/는 궁궐에서 화려한 잔치를 벌이고 있었다.

(3) 일하러 물속에 들어갔던 (효녀 / 해녀)들이 하나둘씩 물 밖으로 나왔다.

2 '녀/여(女)'가 들어간 보기의 낱말 중 빈칸에 알맞은 낱말을 골라 써 보세요.

> 보기
>
> 자녀   효녀   해녀

(1) 승희는 부모님의 말을 잘 듣는 ⬜⬜⬜ 이다.

(2) ⬜⬜⬜ 가 바다로 들어가더니 소라와 전복을 따 왔다.

(3) 아버지는 이웃 아주머니의 세 ⬜⬜⬜ 를 만나 용돈을 주었다.

👍 맞힌 개수 ____ / 10   ⭐ 오늘 배운 한자 女 王 海 子 孝

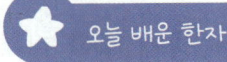

공부한 날   월   일

 오늘 배운 한자를 다시 써 보세요.

날 생

 오늘 배운 한자를 다시 익혀 보세요.

1 다음 한자의 읽는 소리를 써 보세요.

(1) 學 (   )   (2) 先 (   )

2 다음 밑줄 친 말에 해당하는 한자를 보기에서 찾아 써 보세요.

보기

人   出   生

(1) 친구는 <u>인생</u>에서 즐거움을 나누는 존재이다.   → _____

(2) 그에 대해서는 <u>출생</u>에 대한 기록이 거의 없었다.   → _____

 오늘 배운 낱말을 확인해 보세요.

1 '생(生)'이 들어간 보기의 낱말 중 빈칸에 알맞은 낱말을 골라 써 보세요.

보기

출생   인생   학생

(1) 누나는 내년이면 중학교 ☐☐☐☐ 이 된다.

(2) 지우는 동생의 ☐☐☐☐ 을 기대하고 있다.

(3) 그녀는 병으로 힘든 ☐☐☐☐ 을 살아왔다.

2 다음 문장에 어울리는 낱말을 골라 ○표 하세요.

(1) 할머니는 농촌에서 (인생 / 출생)하셨다.

(2) 삼촌은 초등학교 수학 (선생 / 인생)이다.

(3) (출생 / 학생)들이 교실에서 공부를 하고 있다.

맞힌 개수   / 10   오늘 배운 한자   生 人 先 學 出

공부한 날   월   일

오늘 배운 한자를 다시 써 보세요.

작을 소

오늘 배운 한자를 다시 익혀 보세요.

1 다음 한자의 읽는 소리를 써 보세요.

(1) 縮 (   )   (2) 最 (   )

2 다음 소리에 해당하는 한자를 에서 찾아 써 보세요.

> 보기
>
> 型   兒

(1) 아 → _____   (2) 형 → _____

 오늘 배운 낱말을 확인해 보세요.

1 다음 문장에 어울리는 낱말을 골라 ○표 하세요.

(1) 선아는 (최소 / 축소)된 지도를 보며 공원을 찾아갔다.

(2) 병원은 아픈 (소아 / 최소)들과 보호자들로 가득 찼다.

(3) 대형 가구보다 저렴한 (소형 / 축소) 가구를 사는 사람들이 많아졌다.

2 '소(小)'가 들어간 보기의 낱말 중 빈칸에 알맞은 낱말을 골라 써 보세요.

> **보기**
>
> 소형   최소   축소

(1) 사진의 크기를 [   ] 하여 뽑았다.

(2) 이 일을 끝내려면 [   ] 네 명이 필요하다.

(3) 가지고 다니기 좋은 [   ] 전자 제품이 많이 나왔다.

 맞힌 개수   / 10   ⭐ 오늘 배운 한자   小 型 縮 最 兒

 오늘 배운 한자를 다시 써 보세요.

가운데 중

 오늘 배운 한자를 다시 익혀 보세요.

1 다음 한자의 읽는 소리를 써 보세요.

(1) 間 ( )   (2) 旬 ( )

2 다음 밑줄 친 말에 해당하는 한자를 보기 에서 찾아 써 보세요.

보기

心   中   途

(1) 트럭이 사거리 중심에 멈춰 섰다.   → _____

(2) 형은 식사 도중에 전화를 받았다.   → _____

 오늘 배운 낱말을 확인해 보세요.

1 '중(中)'이 들어간 보기의 낱말 중 빈칸에 알맞은 낱말을 골라 써 보세요.

보기

중간   중심   중순

(1) 화살이 목표물의 [   ]을 꿰뚫었다.

(2) 이 서점은 책과 책상의 [   ]에 의자를 놓았다.

(3) 이번 달 [   ]부터 비가 자주 내릴 것이라고 한다.

2 다음 문장의 빈칸에 들어갈 알맞은 낱말을 찾아 선으로 이어 보세요.

(1) 서희가 말하는 (   )에 가희가 끼어들었다.   • 중간

(2) 그들은 은행과 식당 (   ) 골목으로 걸어갔다.   • 도중

(3) 다음 달 (   )부터 본격적인 추위가 시작된다고 한다.   • 중순

👍 맞힌 개수   / 10   ⭐ 오늘 배운 한자   中 間 途 旬 心

 오늘 배운 한자를 다시 써 보세요.

大
큰 대

 오늘 배운 한자를 다시 익혀 보세요.

1 다음 한자의 읽는 소리를 써 보세요.

(1) 型 (   )   (2) 擴 (   )

2 다음 소리에 해당하는 한자를 보기 에서 찾아 써 보세요.

보기

會   衆

(1) 중 → _____   (2) 회 → _____

 오늘 배운 낱말을 확인해 보세요.

1 다음 문장의 빈칸에 들어갈 알맞은 낱말을 찾아 색칠해 보세요.

(1) ☐ 을/를 위한 체육관을 늘려야 한다.

(대중) (확대)

(2) 그 유람선은 ☐ 축구장보다도 훨씬 크다.

(대회) (대형)

(3) 그는 ☐ 가 된 단체 사진에서 자신을 찾아보았다.

(대회) (확대)

2 다음 문장에 어울리는 낱말을 골라 ○표 하세요.

(1) (대중 / 대형) 사고였는데도 다친 사람이 없었다.

(2) 우리 학교는 이 년마다 글짓기 (대회 / 확대)를 연다.

(3) 그 회사는 만두를 만드는 시설을 (대형 / 확대)하였다.

맞힌 개수 ☐ / 10   오늘 배운 한자   大 型 擴 會 衆

 오늘 배운 한자를 다시 써 보세요.

긴 장

 오늘 배운 한자를 다시 익혀 보세요.

1 다음 한자의 읽는 소리를 써 보세요.

(1) 延 (   )   (2) 短 (   )

2 다음 밑줄 친 말에 해당하는 한자를 **보기**에서 찾아 써 보세요.

보기

成   長   期

(1) 나무는 햇빛을 많이 받으면 <u>성장</u>이 빨라진다.   → _____

(2) 영수는 그 지역에 혼자서 <u>장기</u>로 머물고 있다.   → _____

 오늘 배운 낱말을 확인해 보세요.

1 '장(長)'이 들어간 보기의 낱말 중 빈칸에 알맞은 낱말을 골라 써 보세요.

> **보기**
>
> 장기   성장   장단

(1) 이 방법에는 ☐이/가 있다.

(2) 형의 중학생 아들은 ☐이/가 매우 빠르다.

(3) 인기가 많아진 가수는 ☐공연을 시작했다.

2 다음 문장에 어울리는 낱말을 골라 ○표 하세요.

(1) 연필을 세워 놓고 (장기 / 장단)을/를 비교하였다.

(2) 생명을 (연장 / 장기)하기 위한 연구가 계속되고 있다.

(3) 올해 초에 태어난 판다는 빠른 (연장 / 성장)을 보이고 있다.

맞힌 개수   / 10   오늘 배운 한자   長 期 成 短 延

 오늘 배운 한자를 다시 써 보세요.

마디 촌

 오늘 배운 한자를 다시 익혀 보세요.

1 다음 한자의 읽는 소리를 써 보세요.

(1) 數 (   )   (2) 三 (   )

2 다음 소리에 해당하는 한자를 보기 에서 찾아 써 보세요.

보기

四   刻

(1) 각 → _____   (2) 사 → _____

 오늘 배운 낱말을 확인해 보세요.

1 다음 문장의 빈칸에 들어갈 알맞은 낱말을 찾아 색칠해 보세요.

(1) [   ] 을/를 따져 보니 그는 나와 오촌이었다.

촌수   촌각

(2) 윤호는 [   ] 형에게 버릇없이 반말로 대들었다.

사촌   촌수

(3) 그녀가 누구인지 알아보는 데 [   ] 의 시간도 걸리지 않았다.

삼촌   촌각

2 다음 문장에 어울리는 낱말을 골라 ○표 하세요.

(1) (삼촌 / 촌수)은/는 나를 친자식처럼 예뻐해 주셨다.

(2) (사촌 / 촌수)은/는 멀지만 그와 나는 같은 집안 사람이다.

(3) 오랜만에 만난 (사촌 / 촌각) 누나와 어색한 시간을 보냈다.

맞힌 개수   / 10   오늘 배운 한자   寸 刻 四 數 三

 오늘 배운 한자를 다시 써 보세요.

해 년(연)

 오늘 배운 한자를 다시 익혀 보세요.

1 다음 한자의 읽는 소리를 써 보세요.

(1) 來 (   )   (2) 豊 (   )

2 다음 밑줄 친 말에 해당하는 한자를 보기에서 찾아 써 보세요.

보기

年   度   昨

(1) 내가 초등학교를 졸업한 <u>연</u>도는 2017년이다.   → _____

(2) 올 여름은 <u>작</u>년 여름보다 더울 것이라고 한다.   → _____

 오늘 배운 낱말을 확인해 보세요.

1 다음 문장의 빈칸에 들어갈 알맞은 낱말을 찾아 선으로 이어 보세요.

(1) 올해는 보리가 (   )이/가 들었다. ·

· 연도

(2) (   )부터 버스 요금이 오른다고 한다. ·

· 내년

(3) 이 로봇이 만들어진 (   ) 은/는 2022년이다. ·

· 풍년

2 '년/연(年)'이 들어간 보기 의 낱말 중 빈칸에 알맞은 낱말을 골라 써 보세요.

보기

내년   작년   풍년

(1) [   ] 3월부터 도로 공사를 시작한다.

(2) 창고에는 [   ]에 만든 물건이 팔리지 않고 남아 있다.

(3) 마을 사람들이 모여서 [   ]을 기원하는 잔치를 벌였다.

맞힌 개수   / 10   오늘 배운 한자   年 度 來 昨 豐

공부한 날   월   일

 오늘 배운 한자를 다시 써 보세요.

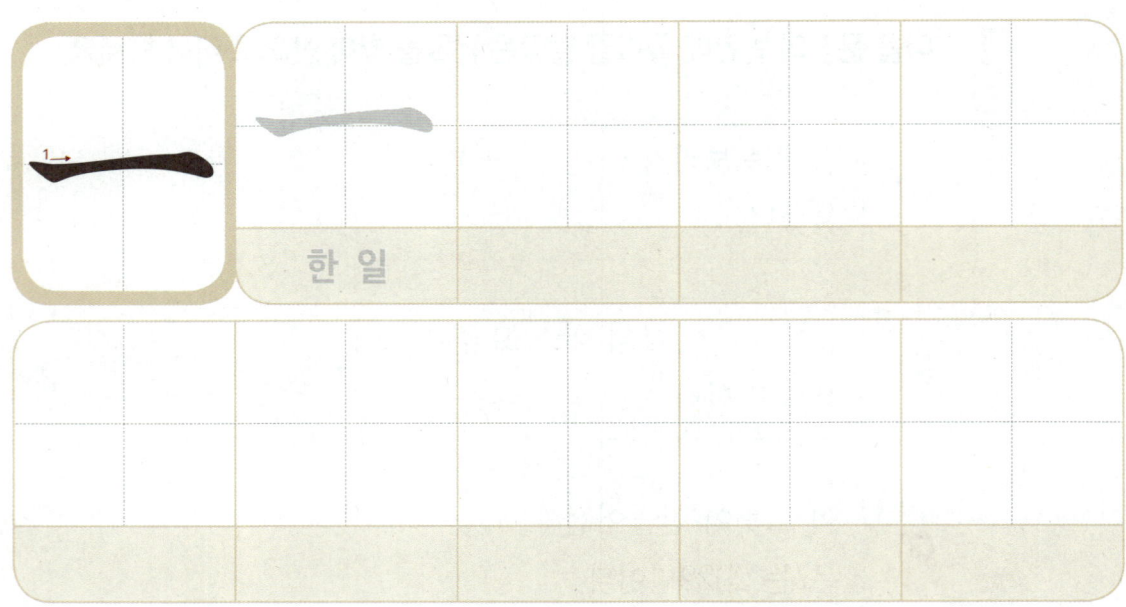

한 일

 오늘 배운 한자를 다시 익혀 보세요.

1 다음 한자의 읽는 소리를 써 보세요.

(1) 統 (   )   (2) 第 (   )

2 다음 소리에 해당하는 한자를 보기 에서 찾아 써 보세요.

보기

週   部   日

(1) 부 → _____   (2) 일 → _____   (3) 주 → _____

 오늘 배운 낱말을 확인해 보세요.

1 다음 문장의 빈칸에 들어갈 알맞은 낱말을 찾아 선으로 이어 보세요.

(1) 청소기의 (   )이/가 부서졌다. •

• 일부

(2) 그는 (   )에 한 번씩 한강에 간다. •

• 일주일

2 다음 문장의 빈칸에 들어갈 알맞은 낱말을 찾아 색칠해 보세요.

(1) 그 일이 끝나려면 [   ]이 걸린다.

제일   일주일

(2) 현민이는 우리 반에서 키가 [   ] 크다.

일부   제일

(3) 할아버지의 소원은 남과 북이 [   ] 하는 것이다.

일부   통일

맞힌 개수 [/ 10]   오늘 배운 한자   一 部 統 第 週 日

 오늘 배운 한자를 다시 써 보세요.

두 이

 오늘 배운 한자를 다시 익혀 보세요.

1 다음 한자의 읽는 소리를 써 보세요.

(1) 重 (   )   (2) 層 (   )

2 다음 밑줄 친 말에 해당하는 한자를 에서 찾아 써 보세요.

보기

二   月   十

(1) 어머니의 생신은 <u>이월</u>이다.   → _____

(2) 내일은 부모님의 결혼 <u>이십</u> 주년 기념일이다.   → _____

 오늘 배운 낱말을 확인해 보세요.

1 다음 문장에 어울리는 낱말을 골라 ○표 하세요.

(1) 내년 (이월 / 이중) 겨울 방학에 여행을 간다.

(2) 서연이의 집은 마당이 있는 (이월 / 이층) 기와집이다.

(3) 군사들은 적의 공격에 맞서 성문을 튼튼하게 (이십 / 이중)으로 만들었다.

2 '이(二)'가 들어간 보기 의 낱말 중 빈칸에 알맞은 낱말을 골라 써 보세요.

보기

| 이십 | 이중 | 이층 |

(1) [   ] 살 언니는 대학에 다닌다.

(2) 민호는 이번에 계단이 있는 [   ] 집으로 이사를 간다.

(3) 유리컵이 깨질까 봐 [   ], 삼중으로 튼튼하게 포장하였다.

맞힌 개수   / 10   오늘 배운 한자   二 重 層 十 月

오늘 배운 한자를 다시 써 보세요.

석 삼

오늘 배운 한자를 다시 익혀 보세요.

1 다음 한자의 읽는 소리를 써 보세요.

(1) 國 (   )   (2) 寸 (   )

2 다음 소리에 해당하는 한자를 에서 찾아 써 보세요.

보기

角   形   時

(1) 각 → _____   (2) 시 → _____   (3) 형 → _____

 오늘 배운 낱말을 확인해 보세요.

1 다음 문장의 빈칸에 들어갈 알맞은 낱말을 찾아 선으로 이어 보세요.

(1) (   ) 모양으로 종이를 접었다.   • 삼시

(2) (   )은/는 눈이 나빠서 안경을 쓰셨다.   • 외삼촌

(3) 할머니는 매일 (   ) 세 끼를 푸짐하게 차려 주셨다.   • 삼각형

2 '삼(三)'이 들어간 보기의 낱말 중 빈칸에 알맞은 낱말을 골라 써 보세요.

보기

삼국   삼시

(1) 나는 대만, 영국, 그리스 [   ] 을/를 가 보았다.

(2) 동생은 배탈이 나서 [   ] 을/를 죽으로 먹었다.

 맞힌 개수   / 10   ★ 오늘 배운 한자   三 國 外 寸 角 形 時

공부한 날 □ 월 □ 일

 오늘 배운 한자를 다시 써 보세요.

넉 사

 오늘 배운 한자를 다시 익혀 보세요.

1 다음 한자의 읽는 소리를 써 보세요.

(1) 骨 (   )   (2) 肢 (   )

2 다음 밑줄 친 말에 해당하는 한자를 보기 에서 찾아 써 보세요.

보기

四   季   方

(1) 그녀는 은행나무의 <u>사계</u>가 아름다웠던 때를 떠올렸다. → _____

(2) 임금은 산삼을 구하기 위해 <u>사방</u>으로 사람들을 보냈다. → _____

 오늘 배운 낱말을 확인해 보세요.

1 다음 문장에 어울리는 낱말을 골라 ○표 하세요.

(1) 추운 날씨 때문에 (사계 / 사지)가 떨린다.

(2) (사골 / 사방) 국물을 먹으며 어머니의 정성을 느꼈다.

(3) 지오는 경복궁의 (사골 / 사계)을/를 담은 영상을 만들었다.

2 '사(四)'가 들어간 **보기**의 낱말 중 빈칸에 알맞은 낱말을 골라 써 보세요.

> **보기**
>
> 사골   사방   사지

(1) 그 음식점은 [   ]을/를 가마솥에 끓인다.

(2) 동욱이는 [   ]을/를 뻗고 누워서 낮잠을 잤다.

(3) 우리 학교는 봄이 되면 [   ]이/가 꽃으로 둘러싸인다.

👍 맞힌 개수 [   ] / 10   ⭐ 오늘 배운 한자   四 肢 季 方 骨

 오늘 배운 한자를 다시 써 보세요.

五
다섯 오

 오늘 배운 한자를 다시 익혀 보세요.

1 다음 한자의 읽는 소리를 써 보세요.

(1) 感 (   )   (2) 目 (   )

2 다음 소리에 해당하는 한자를 에서 찾아 써 보세요.

보기

月   場

(1) 월 ➜ _____   (2) 장 ➜ _____

 오늘 배운 낱말을 확인해 보세요.

1 다음 문장에 어울리는 낱말을 골라 ○표 하세요.

(1) 옆 마을에서 (오목 / 오일장)이 선다.

(2) 아주머니가 (오감 / 오뉴월) 햇볕 아래에서 상추를 심고 계셨다.

(3) 축제에서는 참가자들의 (오감 / 오일장)을 자극하는 행사가 열린다.

2 다음 문장의 빈칸에 들어갈 알맞은 낱말을 찾아 색칠해 보세요.

(1) 윤도는 친구와 [   ] 놀이를 했다.

> 오목   오뉴월

(2) 비가 내렸지만 [   ] 더위가 계속되었다.

> 오뉴월   오일장

(3) 소민이가 나에게 [   ] 구경을 가자고 말했다.

> 오감   오일장

맞힌 개수 [   ] / 10   오늘 배운 한자 五 感 目 六 月 日 場

한자능력
검정시험
모의 문제

정답과 해설 • 32쪽

문제 1-6

다음 글의 (   ) 안에 있는 漢字_{한자}의 讀音(독음: 읽는 소리)을 쓰세요.

> (漢) → 한

(1) (兄)은   (   )

(2) (月)초   (   )

(3) (土)요일에   (   )

(4) (東)대문으로   (   )

(5) (外)출을 해서   (   )

(6) (水)영장에 갔다.   (   )

문제 7-13

다음 訓(훈: 뜻)이나 音(음: 소리)에 알맞은 漢字_{한자}를 보기에서 찾아 그 번호를 쓰세요.

> ─ 보기 ─
>
> ① 日   ② 小   ③ 父   ④ 女
> ⑤ 火   ⑥ 四   ⑦ 長

(7) 긴   (   )

(8) 날   (   )

(9) 불   (   )

(10) 사   (   )

(11) 여자   (   )

(12) 작을   (   )

(13) 아버지   (   )

문제 14-20

다음 밑줄 친 말에 해당하는 漢字_{한자}를 보기에서 찾아 그 번호를 쓰세요.

> ─ 보기 ─
>
> ① 二   ② 木   ③ 中   ④ 大
> ⑤ 西   ⑥ 母   ⑦ 五

(14) 마당에 나무를 심었다.   (   )

(15) 어머니와 산책을 했다.   (   )

(16) 복숭아 두 개를 먹었다.   (   )

(17) 큰 소리로 떠들면 안 된다.   (   )

(18) 바다 가운데 배가 떠 있다.   (   )

(19) 건우는 책 다섯 권을 샀다.   (   )

(20) 서쪽으로 조금만 가면 마을이 나온다.
                                       (   )

계속

다음 漢字한자의 訓(훈: 뜻)과 音(음: 소리)을 쓰세요.

> 漢 → 한나라 한

(21) 一   (   )

(22) 北   (   )

(23) 年   (   )

(24) 人   (   )

문제 25-28

다음 漢字한자의 音(음: 소리)을 ∘보기∘에서 찾아 그 번호를 쓰세요.

─∘ 보기 ∘─
① 삼   ② 생   ③ 제   ④ 촌

(25) 三   (   )

(26) 寸   (   )

(27) 弟   (   )

(28) 生   (   )

문제 29-30

다음 漢字한자의 진하게 표시한 획은 몇 번째 쓰는지 ∘보기∘에서 찾아 그 번호를 쓰세요.

─∘ 보기 ∘─
① 첫 번째   ② 두 번째
③ 세 번째   ④ 네 번째
⑤ 다섯 번째   ⑥ 여섯 번째
⑦ 일곱 번째   ⑧ 여덟 번째

(29) 金   (   )

(30) 南   (   )

수고하였습니다.

똑똑 초등 한자 어휘는

한자 어휘 - 문장 - 글의 단계적 학습으로
문해력을 기를 수 있는 교재입니다.

낱말 알아보기
교과서 및 일상 어휘, 한자능력검정시험에서 선별한
주제별 한자와 관련 어휘를 배울 수 있습니다.

문제 풀기
학습한 어휘의 문맥적 의미를 파악하는 문제를 통해
실제 쓰임을 익히고, 쓰기 활동을 통해 쓰기 능력을 기를 수 있습니다.

글로 익히기
어휘가 사용된 글을 독해하며 어휘의 의미를 되새기고
독해 문제를 풀며 문해력을 키울 수 있습니다.

이투스북

똑똑

똑똑한 독해, 똑똑

초등
한자 어휘

5개 주제
30일
완성

정답과 해설

1 단계
씨앗

예비 초등

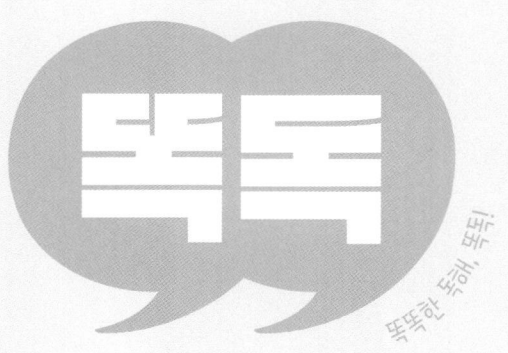

똑똑한 초등 한자 어휘

정답과 해설

1단계 | 씨앗

예비 초등

1단계 낱말 알아보기

| 1 매일 | 2 내일 | 3 생일 | 4 일기 |

1 하루하루마다를 '매일'이라고 해요.

2 오늘의 바로 다음 날을 '내일'이라고 해요.

3 내가 세상에 태어난 날을 '생일'이라고 해요.

4 날마다 그날 겪은 일과 생각이나 느낌을 적는 글을 '일기'라고 해요.

2단계 문제 풀기

1 (1) 일기 (2) 생일   2 (1) 내일 (2) 매일
3 예 매일 이야기를 한다.

1 (1) 공책에 쓰는 건 '생일'보다는 '일기'가 알맞아요.

(2) 여행을 떠날 정도로 기념을 하는 날은 '일기'가 아니라 '생일'이 알맞아요.

2 (1) 체육 대회가 금요일에 열린다고 했으니까 '매일'이 아니라 '내일'이 어울려요.

(2) 성미가 새벽 여섯 시에 일어난다는 문장에는 '일기'보다는 '매일'이 어울려요.

3단계 글로 익히기

1 (1) 매일 (2) 내일

2 (1)   (2)  (3)

1 (1) 하루하루마다를 '매일'이라고 해요.

(2) 오늘의 바로 다음 날을 '내일'이라고 해요.

2 (1) 영기는 '나'에게 필통을 선물로 주었어요.

(2) 다혜는 '나'에게 초콜릿을 선물로 주었어요.

(3) 정현이는 '나'에게 인형을 선물로 주었어요.

1단계 낱말 알아보기

| 1 세월 | 2 월초 | 3 월급 | 4 월세 |

1 흘러가는 시간을 '세월'이라고 해요.

2 그달의 처음 무렵을 '월초'라고 해요.

3 한 달 동안 일한 값으로 주는 돈을 '월급'이라고 해요.

4 다달이 집이나 방을 빌려 쓰는 일 또는 그 돈을 '월세'라고 해요.

2단계 문제 풀기

1 (1) 월세 (2) 세월   2 (1) 월초 (2) 월급
3 예 그는 월급을 모아

1 (1) 세 개의 방은 '월급'이 아니라 '월세'를 놓고 있는 것이 알맞아요.

(2) 수빈이가 벌써 초등학생이 되었다는 문장에는 '세월'이 빠르다고 하는 것이 알맞아요.

2 (1) 매달 어느 때에 전기 요금을 낸다는 문장에는 '월초'가 알맞아요.

(2) 이모가 무언가를 받아서 고기를 사 주셨다는 문장에는 '월급'이 알맞아요.

3단계 글로 익히기

1 (1) 세월 (2) 월세

2 태민

1 (1) 흘러가는 시간을 '세월'이라고 해요.

(2) 한 달에 한 번 자리를 빌려 쓰고 내는 돈을 '월세'라고 해요.

2 이 글에서 어머니는 고민이 많으신데, 그 까닭은 시간이 흐르며 학원 선생님들의 월급과 학원 월세가 올라서 미술 학원을 운영하는 데 더 많은 돈이 들게 되었기 때문이에요.

자연 03 火 불 화

자연 04 水 물 수

1단계 낱말 알아보기

1 소화　**2** 점화　**3** 화상　**4** 화재

1 불을 끄는 것을 '소화'라고 해요.

2 불을 붙이거나 켜는 것을 '점화'라고 해요.

3 불에 데었을 때 피부가 다치는 것을 '화상'이라고 해요.

4 불이 나는 일이나 불이 나서 일어난 사고를 '화재'라고 해요.

1단계 낱말 알아보기

1 냉수　**2** 수영　**3** 홍수　**4** 수질

1 차가운 물을 '냉수'라고 해요.

2 물속에서 헤엄치는 일을 '수영'이라고 해요.

3 비가 많이 와서 물이 갑자기 크게 불어나는 것을 '홍수'라고 해요.

4 물의 온도, 맑고 흐림, 빛깔, 성분 등 물이 가진 고유의 성질을 '수질'이라고 해요.

2단계 문제 풀기

1 (1) 화상　(2) 화재　**2** (1) 점화　(2) 소화
3 예 화재가 난 곳으로 출동하였다.

1 (1) 뜨거운 주전자를 만져서 손에 무언가를 입었다는 문장에는 '화상'이 알맞아요.

(2) 난방 기구를 사용하다가 일어나기 쉬운 것은 '화재'가 알맞아요.

2 (1) 가스가 없어서 난로가 '점화'되지 않았다는 것이 어울려요.

(2) 소방관들이 작업을 끝냈다는 문장에는 '소화'가 어울려요.

2단계 문제 풀기

1 (1) 수영　(2) 홍수　**2** (1) 냉수　(2) 수질
3 예 수영을 배우기 시작했다.

1 (1) 수영장에서 배웠다는 것은 '수영'이 알맞아요.

(2) 논을 잃었다는 문장에는 '홍수'가 알맞아요.

2 (1) 시원한 것을 마신다는 문장에는 '냉수'가 알맞아요.

(2) 강의 무엇인가가 나빠져서 물고기가 사라졌다는 문장에는 '수질'이 알맞아요.

3단계 글로 익히기

1 (1) 소화　(2) 화재
2 ②

1 (1) 불을 끄는 것을 '소화'라고 해요.

(2) 불이 나는 일을 '화재'라고 해요.

2 이 글에서 □□ 대학교가 소방 로봇을 만들었다고 한 것은 맞지만, 그 까닭이 소방관들을 돕기 위해서라고 하지는 않았어요.

3단계 글로 익히기

1 (1) 홍수　(2) 냉수
2 ㉯ → ㉮ → ㉰

1 (1) 비가 갑자기 많이 와서 물이 크게 불어나는 일을 '홍수'라고 해요.

(2) 차가운 물을 '냉수'라고 해요.

2 수도권 지역에 갑자기 비가 많이 와 물이 크게 불어나서 도로가 물에 잠기고 하수구가 막혔어요.

자연 05 木 나무 목

본문 · 26~29쪽

1단계 낱말 알아보기

1 묘목	2 고목	3 목재	4 목수

1 옮겨 심는 어린나무를 '묘목'이라고 해요.

2 키가 크고 오래된 나무를 '고목'이라고 해요.

3 건축이나 가구에 쓰는 나무로 된 재료를 '목재'라고 해요.

4 나무를 다루어 집을 짓거나 가구 등을 만드는 일을 하는 사람을 '목수'라고 해요.

2단계 문제 풀기

1 (1) 목수 (2) 목재   **2** (1) 고목 (2) 묘목
3 예 목재를 사용해서

1 (1) 나무를 잘라서 옷장을 만드는 사람은 '목수'가 알맞아요.

(2) 튼튼한 가구를 만들 수 있는 것은 '목재'가 알맞아요.

2 (1) 몇백 년 묵은 오래된 것에는 '고목'이 어울려요.

(2) 정원사가 식물원에 새로 들여와서 심은 것은 '묘목'이 어울려요.

3단계 글로 익히기

1 (1) 고목 (2) 묘목
2 (1) ○ (2) × (3) ○

1 (1) 오래된 나무를 '고목'이라고 해요.

(2) 옮겨 심는 어린나무를 '묘목'이라고 해요.

2 (1) 가죽나무의 목재는 목수들 사이에서 비싼 값에 팔린다고 해요. 그러니까 가죽나무 목재를 목수가 사려면 가격이 비싸겠죠.

(2) 가죽나무 묘목을 심을 때는 흙을 덮고 물을 충분히 많이 줘야 해요.

(3) 가죽나무의 새순은 13~15센티미터쯤 될 때 수확해요.

자연 06 金 쇠 금

본문 · 30~33쪽

1단계 낱말 알아보기

1 금속	2 황금	3 저금	4 세금

1 쇠붙이를 '금속'이라고 해요.

2 누런빛의 금을 '황금'이라고 해요.

3 돈을 모아 두는 것이나 모아 둔 돈을 '저금'이라고 해요.

4 국가가 국가를 운영하기 위해 국민에게 거두어들이는 돈을 '세금'이라고 해요.

2단계 문제 풀기

1 (1) 황금 (2) 세금   **2** (1) 금속 (2) 저금
3 예 저금통에 저금을 한다.

1 (1) 왕관과 어울리는 것은 '황금'이 알맞아요.

(2) 나라에서 필요한 돈은 국민의 '세금'으로 모으는 것이 알맞아요.

2 (1) 단단한 금고는 '저금'이 아니라 '금속'으로 만든 게 알맞아요.

(2) 명절에 받은 세뱃돈은 '금속'이 아니라 은행에 '저금'을 하는 것이 알맞아요.

3단계 글로 익히기

1 (1) 금속 (2) 세금
2 (1) × (2) ○ (3) ○

1 (1) 쇠붙이를 '금속'이라고 해요.

(2) 국가가 국민에게 거두어들이는 돈을 '세금'이라고 해요.

2 (1) 금의 가격이 오르면 황금 막대의 가격도 올라요.

(2) 저금은 돈을 저금하는 만큼 그대로 모을 수 있는 방법으로, 사람들에게 가장 손쉬운 돈 모으기 방법이에요.

(3) 황금 막대를 살 때는 국가가 국민에게 거두어들이는 돈인 세금을 내야 해요.

土 흙 토 본문 • 34~37쪽

1단계 낱말 알아보기

| 1 국토 | 2 농토 | 3 토지 | 4 토양 |

1 나라의 땅을 '국토'라고 해요.

2 농사를 짓는 땅을 '농토'라고 해요.

3 사람이 생활하고 활동하는 땅을 '토지'라고 해요.

4 지구의 가장 바깥쪽을 덮고 있는 흙을 '토양'이라고 해요.

2단계 문제 풀기

1 (1) 토지 (2) 토양   2 (1) 농토 (2) 국토
3 ㉮ 농토에서 벼를 수확하였다.

1 (1) 형이 자신의 '국토'보다는 '토지'에 허수아비를 세운 것이 어울려요.

  (2) 학생들이 산에서 가져와서 뿌렸다고 했으니 '농토'보다는 '토양'이 어울려요.

2 (1) 농산물을 얻었다는 문장에는 '농토'가 알맞아요.

  (2) 독도가 우리의 '국토'라는 문장이 알맞아요.

3단계 글로 익히기

1 (1) 토양 (2) 국토
2 (1) 토양 조사 (2) 토지 적성 평가 (3) 흙토람

1 (1) 흙을 '토양'이라고 해요.

  (2) 우리나라의 땅을 '국토'라고 해요.

2 (1) 과학적이고 꼼꼼한 방법으로 여러 토양을 자세하게 살펴보는 일을 '토양 조사'라고 해요.

  (2) 토지의 흙과 환경, 활용 가능성 등을 알아보는 일을 '토지 적성 평가'라고 해요.

  (3) 농토의 토양 정보를 얻을 수 있는 인터넷 누리집을 '흙토람'이라고 해요.

東 동녘 동 본문 • 40~43쪽

1단계 낱말 알아보기

| 1 동해 | 2 동부 | 3 동양 | 4 동대문 |

1 우리나라 동쪽의 바다를 '동해'라고 해요.

2 어떤 지역의 동쪽 부분을 '동부'라고 해요.

3 아시아의 동쪽과 남쪽 부분을 '동양'이라고 해요.

4 조선 시대 때 서울에 만든 성의 동쪽 정문을 '동대문'이라고 해요.

2단계 문제 풀기

1 (1) 동양 (2) 동해   2 (1) 동대문 (2) 동부
3 ㉮ 가족들과 동해로 놀러 가서

1 (1) 한국, 중국, 일본, 인도는 '동양'에 속하는 나라예요.

  (2) 강원도라고 했으므로 '동해'가 알맞아요.

2 (1) 조선 시대 때 동쪽에 세운 문은 '동대문'이 어울려요.

  (2) 우리나라에서 비가 오는 지방에는 '동양'보다 '동부'가 어울려요.

3단계 글로 익히기

1 (1) 동부 (2) 동양
2 (1) 종로 (2) 생활필수품 (3) 아시아

1 (1) 동쪽 부분을 '동부'라고 해요.

  (2) 아시아의 동쪽과 남쪽 부분을 '동양'이라고 해요.

2 (1) 동대문 시장은 종로의 동쪽 부분에 세워졌어요.

  (2) 6 · 25 전쟁을 겪은 뒤에 동대문 시장에서는 생활필수품을 팔며 다시 사람들이 많이 찾는 곳이 되었어요.

  (3) 동대문 시장은 1959년에는 아시아의 동쪽과 남쪽 부분에서 가장 큰 시장이었어요.

西 서녘 서　본문 • 44~47쪽

南 남녘 남　본문 • 48~51쪽

1단계 낱말 알아보기

| 1 서풍 | 2 서양 | 3 서학 | 4 대서양 |

1 서쪽에서 불어오는 바람을 '서풍'이라고 해요.

2 동양과 반대되는 유럽과 남북아메리카를 '서양'이라고 해요.

3 서양에 대해 공부하는 것 또는 그런 지식을 '서학'이라고 해요.

4 유럽 · 아프리카 대륙과 남북아메리카 대륙을 나누는 큰 바다를 '대서양'이라고 해요.

1단계 낱말 알아보기

| 1 강남 | 2 남극 | 3 남북 | 4 남향 |

1 강의 남쪽 지역을 '강남'이라고 해요.

2 지구의 남쪽 끝을 '남극'이라고 해요.

3 남쪽과 북쪽을 함께 '남북'이라고 해요.

4 남쪽으로 향하는 것이나 그 방향을 '남향'이라고 해요.

2단계 문제 풀기

1 (1) 서양　(2) 서풍　　2 (1) 대서양　(2) 서학
3 예 황사가 서풍을 타고

1 (1) 이곳의 문화가 우리 생활에 영향을 끼쳤다는 문장에는 '서양'이 알맞아요.

(2) 시원한 것은 '서학'보다는 '서풍'이 알맞아요.

2 (1) 비행기가 그 위를 날고 있다는 문장에는 '대서양'이 알맞아요.

(2) 남자가 공부했다는 문장에는 '서학'이 알맞아요.

2단계 문제 풀기

1 (1) 강남　(2) 남북　　2 (1) 남극　(2) 남향
3 예 남향으로 창문이 크게 나 있는

1 (1) 강북의 반대편에는 '강남'이 어울려요.

(2) 대화를 통해 통일할 수 있는 길을 마련해야 하는 건 '남북'이 어울려요.

2 (1) 지구에서 가장 추운 곳이라는 문장에는 '남극'이 알맞아요.

(2) 집에 햇빛이 잘 든다는 문장에는 '남향'이 알맞아요.

3단계 글로 익히기

1 (1) 서풍　(2) 서양
2 하준

1 (1) 서쪽에서 불어오는 바람을 '서풍'이라고 해요.

(2) 동양과 반대되는 유럽과 남북아메리카를 '서양'이라고 해요.

2 배에서 나온 기름으로 인한 환경 오염을 막기 위해 유럽에서는 기름을 제거할 배들을 보내며 노력하고 있어요. 앞서 우리나라도 바다에 기름이 뜨게 된 사고를 겪었기에 이번 대서양에서 일어난 사고가 더 안타까울 수 있지요. 하지만 이 글은 기름을 없애는 방법과는 관련이 없어요.

3단계 글로 익히기

1 (1) 남북　(2) 남향
2 (1) ㉮　(2) ㉰　(3) ㉯

1 (1) 남쪽과 북쪽을 '남북'이라고 해요.

(2) 남쪽 방향을 '남향'이라고 해요.

2 (1) 강남 지역은 빗줄기가 집중되어 시간당 30밀리미터가 넘는 강한 비가 내리고 있다고 했어요.

(2) 강원도 지역은 강한 비바람과 함께 바다에서 매우 높은 물결이 인다고 했어요.

(3) 전라도 지역은 비와 함께 춥고 빠른 바람이 몰아친다고 했어요.

방향 04 北 북녘 북 본문 · 52~55쪽

1단계 낱말 알아보기

| 1 북어 | 2 북부 | 3 북한 | 4 북극성 |

1 말린 명태를 '북어'라고 해요.

2 어떤 지역의 북쪽 부분을 '북부'라고 해요.

3 남북으로 나뉘어진 대한민국의 휴전선 북쪽 지역을 '북한'이 라고 해요.

4 작은곰자리에서 가장 밝은 별을 '북극성'이라고 해요.

2단계 문제 풀기

1 (1) 북어 (2) 북부   2 (1) 북한 (2) 북극성
3 ⑩ 북극성을 바라보며 행복하게 해 달라고

1 (1) 국을 끓였다는 문장에는 '북어'가 알맞아요.

 (2) 경기도의 한 지방을 이야기하고 있으니까 '북한'이 아니라 '북부'가 알맞아요.

2 (1) 어딘가에 방문하여 공연을 보았다는 문장에는 '북한'이 어 울려요.

 (2) 북두칠성 앞에서 빛나는 별에 대한 문장에는 '북극성'이 어울려요.

3단계 글로 익히기

1 (1) 북부 (2) 북한
2 북쪽 바다

1 (1) 북쪽 부분을 '북부'라고 해요.

 (2) 휴전선 북쪽 지역을 '북한'이라고 해요.

2 옛날에는 '명태'가 북쪽 바다에서 많이 잡혀서 사람들이 '북어' 라고 부르기도 했대요.

방향 05 外 바깥 외 본문 · 56~59쪽

1단계 낱말 알아보기

| 1 해외 | 2 외모 | 3 외출 | 4 소외 |

1 다른 나라를 '해외'라고 해요.

2 겉으로 드러나 보이는 모양을 '외모'라고 해요.

3 집에서 벗어나 잠시 밖으로 나가는 것을 '외출'이라고 해요.

4 어떤 무리에서 싫어하여 따돌리거나 멀리하는 것을 '소외'라 고 해요.

2단계 문제 풀기

1 (1) 외출 (2) 소외   2 (1) 외모 (2) 해외
3 ⑩ 원피스를 입고 외출을 하였다.

1 (1) 다리를 다쳐서 못 하고 있다는 문장에는 '외출'이 알맞아요.

 (2) 친구들이 고은이를 '외출'이 아니라 '소외'하지 않았다는 문장이 알맞아요.

2 (1) 사람과 관련된 낱말에는 '외모'가 어울려요.

 (2) 휴가를 즐기려는 사람들이 늘었다는 문장에는 '해외'가 어 울려요.

3단계 글로 익히기

1 (1) 해외 (2) 외출
2 (1) ○ (2) ○ (3) ×

1 (1) 다른 나라를 '해외'라고 해요.

 (2) 집에서 잠시 밖으로 나가는 것을 '외출'이라고 해요.

2 (1) 김○○ 선생님은 학생들에게 영어를 가르쳐요.

 (2) 학생들은 수업 시간 전에 미리 수업 준비를 하고 앉아 있 어야 해요.

 (3) 김○○ 선생님이 다른 나라에서 대학교를 졸업했다고 하 였을 뿐 다른 나라에서 수업을 한다는 내용은 없어요.

人 사람 인　본문·62~65쪽

母 어머니 모　본문·66~69쪽

人 사람 인

1단계　낱말 알아보기

1 거인　　2 상인　　3 애인　　4 인상

1 몸이 아주 큰 사람을 '거인'이라고 해요.

2 물건을 파는 일을 직업으로 하는 사람을 '상인'이라고 해요.

3 서로 애정을 나누며 마음속 깊이 사랑하는 사람을 '애인'이라고 해요.

4 사람 얼굴의 생김새 또는 그 얼굴의 근육이나 눈썹 사이 주름을 '인상'이라고 해요.

2단계　문제 풀기

1 (1) 인상　(2) 애인　　2 (1) 거인　(2) 상인
3 예 상인이 손님에게 과일을

1 (1) 사람의 이것이 밝다는 문장에는 '인상'이 알맞아요.

　(2) 결혼과 관련이 있는 낱말로는 '애인'이 알맞아요.

2 (1) 키가 2미터가 넘는 거대한 사람은 '거인'이 알맞아요.

　(2) 시장 안에서 손님에게 물건을 판다고 했으므로 '상인'이 알맞아요.

3단계　글로 익히기

1 (1) 애인　(2) 인상
2 ①

1 (1) 마음속 깊이 사랑하는 사람을 '애인'이라고 해요.

　(2) 얼굴의 근육이나 눈썹 사이 주름을 '인상'이라고 해요.

2 거인 도넛은 다른 가게의 도넛 크기의 2배 정도 크게 만들고 있어요. 그리고 거인 도넛 주인은 도넛을 만들어 사람들에게 행복을 전하고 싶어 해요. 하지만 거인 도넛 안에는 주인이 사 온 크림이 아니라 주인이 직접 만든 크림이 들어 있어요.

母 어머니 모

1단계　낱말 알아보기

1 장모　　2 모녀　　3 이모　　4 부모

1 아내의 어머니를 '장모'라고 해요.

2 어머니와 딸을 함께 '모녀'라고 해요.

3 어머니의 여자 형제를 '이모'라고 해요.

4 아버지와 어머니를 함께 '부모'라고 해요.

2단계　문제 풀기

1 (1) 이모　(2) 장모　　2 (1) 부모　(2) 모녀
3 예 어버이날이라 부모님께

1 (1) 시골에서 혼자 사는 사람에는 '이모'가 어울려요.

　(2) 아내가 집으로 모시고 온 사람은 '장모'가 어울려요.

2 (1) 학교에 가기 전에 '부모'님께 인사를 드리는 게 알맞아요.

　(2) 엄마와 내가 이야기를 하며 '모녀'의 정을 나누는 것이 알맞아요.

3단계　글로 익히기

1 (1) 부모　(2) 이모
2 (1) ④　(2) ④　(3) ②

1 (1) 아버지와 어머니를 '부모'라고 해요.

　(2) 어머니의 여자 형제를 '이모'라고 해요.

2 (1) 아기는 백일까지 키가 10~15센티미터는 더 커야 해요.

　(2) 아기는 백일까지 몸무게가 태어났을 때보다 두 배는 되어야 해요.

　(3) 아기는 밤에 성장 호르몬이 나와 아파서 울 때가 있어요.

1단계 낱말 알아보기

| **1** 부친 | **2** 조부 | **3** 숙부 | **4** 부자 |

1 아버지를 정중히 '부친'이라고 해요.

2 부모님의 아버지를 '조부'라고 해요.

3 아버지의 남동생을 '숙부'라고 해요.

4 아버지와 아들을 함께 '부자'라고 해요.

1단계 낱말 알아보기

| **1** 형제 | **2** 형수 | **3** 친형 | **4** 학부형 |

1 형과 동생을 '형제'라고 해요.

2 형의 아내를 '형수'라고 해요.

3 같은 부모에게서 태어난 형을 '친형'이라고 해요.

4 학생을 보호할 책임을 가지고 있는 사람을 '학부형'이라고 해요.

2단계 문제 풀기

1 (1) 부자 (2) 부친   **2** (1) 숙부 (2) 조부
3 ㉠ 나의 조부는 나에게 책을

1 (1) 아들과 아버지의 관계는 '부자'가 어울려요.

(2) 큰고모가 누나라고 한 것으로 보아 '부친'이 어울려요.

2 (1) 아버지와 매우 닮은 형제에는 '숙부'가 알맞아요.

(2) 손자가 태어나서 기뻐하는 사람으로는 '조부'가 알맞아요.

2단계 문제 풀기

1 (1) 형제 (2) 형수   **2** (1) 친형 (2) 학부형
3 ㉠ 학부형들이 교실에 모였다.

1 (1) 부모님의 말씀을 잘 따른다는 문장에는 '형제'가 어울려요.

(2) 형과 부부인 사람은 형의 아내인 '형수'가 어울려요.

2 (1) 나이 차이가 두 살이 나는 사이는 '친형'이 알맞아요.

(2) 학생, 교사, 학교와 어울리는 낱말에는 '학부형'이 알맞아요.

3단계 글로 익히기

1 (1) 부자 (2) 숙부
2 (1) ○ (2) ○ (3) ×

1 (1) 아버지와 아들을 '부자'라고 해요.

(2) 아버지의 남동생을 '숙부'라고 해요.

2 (1) '나'의 조부는 시골집에 살고 계세요.

(2) '나'와 아버지는 지난주 토요일에 조부를 만나 뵈러 시골집에 갔어요.

(3) 아버지는 자신이 가장 존경하는 사람은 자신의 어머니가 아니라 아버지라고 말씀하셨어요.

3단계 글로 익히기

1 (1) 형수 (2) 형제
2 (1) 수업 (2) 친구

1 (1) 형의 아내를 '형수'라고 해요.

(2) 형과 동생을 '형제'라고 해요.

2 형은 자신의 아들이 학교에서 수업에 적극적으로 참여하고, 친구와도 잘 지낸다는 이야기를 들어서 기분이 좋았어요.

사람 05　弟 아우 제　본문 · 78~81쪽

1단계　낱말 알아보기

1 제수　2 처제　3 자제　4 제자

1 남동생의 아내를 '제수'라고 해요.

2 아내의 여자 동생을 '처제'라고 해요.

3 남의 아들을 높여 이르는 말을 '자제'라고 해요.

4 선생님으로부터 가르침을 받은 사람을 '제자'라고 해요.

2단계　문제 풀기

1 (1) 처제　(2) 자제　　2 (1) 제자　(2) 제수
3 예 제자들이 선생님께

1 (1) 아내를 언니라고 부르는 사람에는 '처제'가 알맞아요.

　(2) 교장 선생님의 누군가를 높여 말하는 문장에는 '자제'가 알맞아요.

2 (1) 선생님과 관련 있는 사람에는 '제자'가 어울려요.

　(2) 동생과 동생의 아내에는 '제수'가 어울려요.

3단계　글로 익히기

1 (1) 제자　(2) 제수
2 ③

1 (1) 가르침을 받은 사람을 '제자'라고 해요.

　(2) 남동생의 아내를 '제수'라고 해요.

2 조 선생님에게는 두 아들과 막내딸이 있고, 둘째 아들인 민준 군과 자신의 제자인 수민 양이 올해 3월에 결혼을 했어요. 그리고 수민 양은 수아 양과 자매예요.

사람 06　女 여자 녀(여)　본문 · 82~85쪽

1단계　낱말 알아보기

1 여왕　2 자녀　3 효녀　4 해녀

1 여자 임금을 '여왕'이라고 해요.

2 아들과 딸을 함께 '자녀'라고 해요.

3 부모를 잘 모시고 소중히 대하는 딸을 '효녀'라고 해요.

4 바다 속에 들어가 해삼, 전복, 미역 등을 따는 것을 직업으로 하는 여자를 '해녀'라고 해요.

2단계　문제 풀기

1 (1) 여왕　(2) 효녀　　2 (1) 해녀　(2) 자녀
3 예 여왕이 황금 왕관을 쓰고

1 (1) 대통령을 초대한 사람에는 '여왕'이 알맞아요.

　(2) 아버지를 정성으로 모시는 사람에는 '효녀'가 알맞아요.

2 (1) 전복을 따려고 바다로 뛰어드는 사람에는 '해녀'가 어울려요.

　(2) 어머니가 두 명을 사랑으로 길렀다는 문장에는 '자녀'가 어울려요.

3단계　글로 익히기

1 (1) 자녀　(2) 여왕
2 ㉠, ㉣

1 (1) 아들과 딸을 '자녀'라고 해요.

　(2) 여자 임금을 '여왕'이라고 해요.

2 아빠를 위한 낚시 체험은 바다에서 하는 거예요. 해녀 체험은 팔 세~십삼 세의 아이들이, 어른과 함께할 때만 할 수 있어요. 엄마를 위한 마사지 체험은 인터넷 누리집에서 예약을 해야 해요.

1단계 낱말 알아보기

| 1 출생 | 2 선생 | 3 인생 | 4 학생 |

1 세상에 나온 것을 '출생'이라고 해요.

2 학생을 가르치는 사람을 '선생'이라고 해요.

3 사람이 세상을 살아가는 일을 '인생'이라고 해요.

4 학교에 다니면서 공부하는 사람을 '학생'이라고 해요.

2단계 문제 풀기

1 (1) 출생   (2) 학생   **2** (1) 선생   (2) 인생
3 예 학생이 손을 들고

1 (1) 서울이라는 지역을 말하고 있으니까 '출생'이 알맞아요.

  (2) 초등학교 1학년에는 '학생'이 알맞아요.

2 (1) 국어와 관련하여 일을 하는 사람은 '선생'이 알맞아요.

  (2) 즐겁게 살아왔다는 문장에는 '인생'이 알맞아요.

3단계 글로 익히기

1 (1) 인생   (2) 학생
2 (1) 출생   (2) 선생

1 (1) 사람이 세상을 살아가는 일을 '인생'이라고 해요.

  (2) 학교에 다니면서 공부하는 사람을 '학생'이라고 해요.

2 (1) 부산에서 출생한 '나'는 학교에서 자신의 인생을 소개하는 발표를 했어요.

  (2) '나'는 발표 처음에는 긴장을 했지만 선생님의 말씀을 듣고 용기를 내어 발표를 잘 끝냈어요.

크기 01 小 작을 소   본문 • 92~95쪽

1단계 낱말 알아보기

| 1 소형 | 2 소아 | 3 최소 | 4 축소 |

1 작은 크기나 범위를 '소형'이라고 해요.

2 나이가 적은 어린아이를 '소아'라고 해요.

3 수나 정도가 가장 작은 것을 '최소'라고 해요.

4 모양이나 크기를 줄여서 작게 하는 것을 '축소'라고 해요.

2단계 문제 풀기

1 (1) 소형   (2) 최소   **2** (1) 축소   (2) 소아
3 예 언니는 몸이 아파서 최소 이 개월 동안 병원에서

1 (1) 크기에 쓰는 건 '소형'이 알맞아요.

  (2) 학교에서 집까지 삼십 분이 걸린다는 문장에는 '최소'가 알맞아요.

2 (1) 지도를 작게 한다는 문장에는 '소형'보다 '축소'가 어울려요.

  (2) 예방 주사를 맞아야 한다는 문장에는 '최소'보다 '소아'가 어울려요.

3단계 글로 익히기

1 (1) 축소   (2) 소형
2 (1) ○   (2) ×   (3) ×

1 (1) 줄여서 작게 하는 일을 '축소'라고 해요.

  (2) 작은 크기를 '소형'이라고 해요.

2 (1) 아픈 어린아이들은 소아 청소년과에 가야 해요.

  (2) 요즘은 소아 청소년과 의사가 줄어들고 있다고 해요.

  (3) 작은 크기의 도시에는 어린아이들이 갈 병원이 없는 경우도 있다고 해요.

1단계 낱말 알아보기

| 1 중간 | 2 중심 | 3 중순 | 4 도중 |

1 두 사물의 사이를 '중간'이라고 해요.

2 사물의 한가운데를 '중심'이라고 해요.

3 한 달 가운데 11일에서 20일까지의 동안을 '중순'이라고 해요.

4 길을 가는 중간이나 일이 계속되고 있는 과정을 '도중'이라고 해요.

2단계 문제 풀기

1 (1) 중심 (2) 중간   2 (1) 중순 (2) 도중
3 예 마카롱과 과자의 중간에 있는

1 (1) 성호는 운동장의 '도중'이 아니라 '중심'에 서는 것이 어울려요.

   (2) 거리와 관련된 문장에는 '중간'이 어울려요.

2 (1) 4월과 관련된 문장에는 '중순'이 알맞아요.

   (2) 친구네 집에 가는 과정과 관련된 낱말로는 '도중'이 알맞아요.

3단계 글로 익히기

1 (1) 중순 (2) 중심
2 (1) 신청서 (2) 선거 (3) 교무실

1 (1) 한 달 중 11일~20일까지의 동안을 '중순'이라고 해요.

   (2) 사물의 한가운데를 '중심'이라고 해요.

2 (1) 회장 선거에 참여하고 싶은 사람은 신청서를 써야 해요.

   (2) 회장 선거 운동은 3월 중순에 해요.

   (3) 회장을 뽑는 투표는 교무실에 있는 투표소에서 이루어져요.

1단계 낱말 알아보기

| 1 대회 | 2 대중 | 3 확대 | 4 대형 |

1 큰 모임이나 회의를 '대회'라고 해요.

2 수많은 사람의 무리를 '대중'이라고 해요.

3 모양이나 크기를 더 크게 하는 것을 '확대'라고 해요.

4 같은 종류의 사물 가운데 큰 모양이나 크기를 '대형'이라고 해요.

2단계 문제 풀기

1 (1) 대회 (2) 대중   2 (1) 대형 (2) 확대
3 예 이 선수는 이번 대회에서

1 (1) 우승자와 관련된 문장에는 '대회'가 알맞아요.

   (2) 가수의 춤 솜씨가 인기를 얻었다는 문장에는 '대중'이 알맞아요.

2 (1) 냉장고에 아이스크림이 가득 들어 있다는 문장에는 '대형'이 어울려요.

   (2) 식당 주차장을 공사한다는 문장에는 '확대'가 어울려요.

3단계 글로 익히기

1 (1) 대중 (2) 대형
2 ②

1 (1) 수많은 사람의 무리를 '대중'이라고 해요.

   (2) 큰 크기를 '대형'이라고 해요.

2 도시의 이곳저곳에서 소형이 아니라 큰 크기의 대형 마라톤 대회가 열리고 있다고 했어요.

1단계 낱말 알아보기

| **1** 장단 | **2** 성장 | **3** 연장 | **4** 장기 |

1 길고 짧음이나 좋은 점과 나쁜 점을 '장단'이라고 해요.

2 사람이나 동식물이 자라서 커지는 것을 '성장'이라고 해요.

3 시간이나 거리를 원래보다 길게 늘이는 것을 '연장'이라고 해요.

4 어느 때부터 다른 어느 때까지의 동안이 긴 것을 '장기'라고 해요.

2단계 문제 풀기

1 (1) 장기 (2) 연장   **2** (1) 장단 (2) 성장
3 예 무럭무럭 성장했다.

1 (1) 제주도로 여행을 떠나는 상황에는 '연장'보다는 '장기'가 알맞아요.

(2) 정해진 시간보다 한 시간 더 공연을 했다는 문장에는 '장기'보다는 '연장'이 알맞아요.

2 (1) 매미 울음소리에는 소리의 '장단'이 있는 것이 어울려요.

(2) 물고기의 '성장' 과정을 관찰하는 것이 어울려요.

3단계 글로 익히기

1 (1) 성장 (2) 장단
2 민석

1 (1) 자라서 커지는 일을 '성장'이라고 해요.

(2) 길고 짧음을 '장단'이라고 해요.

2 학습 효과 그래프는 곡선 모양으로 서서히 오르지 않고 어느 정도 오르다가 한 번씩 뛰어오르는 계단 모양으로 나타난다고 했어요. 그래서 학습 효과 그래프는 민석이가 그린 것처럼 계단 모양으로 나타나요.

1단계 낱말 알아보기

| **1** 삼촌 | **2** 촌각 | **3** 사촌 | **4** 촌수 |

1 아버지의 형제를 '삼촌'이라고 해요.

2 매우 짧은 동안의 시간을 '촌각'이라고 해요.

3 아버지의 친형제자매의 아들이나 딸과의 촌수를 '사촌'이라고 해요.

4 친족 사이의 멀고 가까운 정도를 나타내는 수나 그런 관계를 '촌수'라고 해요.

2단계 문제 풀기

1 (1) 촌각 (2) 사촌   **2** (1) 삼촌 (2) 촌수
3 예 명절에 사촌 동생과 윷놀이를 하며

1 (1) 급한 일에는 '사촌'보다 '촌각'이 알맞아요.

(2) 친하게 지내야 하는 사이에는 '촌각'보다 '사촌'이 알맞아요.

2 (1) 바닷가에 살고 있는 사람에는 '삼촌'이 알맞아요.

(2) 형과 오촌이라고 하는 것을 보아 '촌수'가 알맞아요.

3단계 글로 익히기

1 (1) 촌수 (2) 촌각
2 (1) 일 (2) 이

1 (1) 친족 사이의 멀고 가까운 정도를 나타내는 수를 '촌수'라고 해요.

(2) 매우 짧은 시간을 '촌각'이라고 해요.

2 나와 가장 가까운 부모님은 촌수가 일촌이고 나와 형제는 촌수가 이촌이에요.

크기 06 年 해 년(연) 본문 · 112~115쪽

1단계 낱말 알아보기

1 작년   2 내년   3 풍년   4 연도

1 올해의 바로 앞의 해를 '작년'이라고 해요.

2 올해의 바로 다음 해를 '내년'이라고 해요.

3 곡식이 잘 자라서 평소보다 많이 얻은 해를 '풍년'이라고 해요.

4 어떤 일이 일어난 때를 말하기 위해 편하게 구분한 일 년 동안의 기간이나 어떤 일이 이루어진 바로 그 해를 '연도'라고 해요.

2단계 문제 풀기

1 (1) 내년   (2) 작년   2 (1) 풍년   (2) 연도
3 ㉮ 내년에는 놀이공원에 가서

1 (1) 누나가 중학교에 가는 때를 말하니까 '내년'이 어울려요.

　(2) 조카가 키가 많이 컸다는 문장에는 '작년'이 어울려요.

2 (1) 집집마다 쌀을 가득 가지고 있었다는 것으로 보아 '풍년'이 알맞아요.

　(2) 두 배우가 2023년에 영화에 출연했다는 문장에는 '연도'가 알맞아요.

3단계 글로 익히기

1 (1) 작년   (2) 내년
2 (1) 써니스낵   (2) 제과(과자, 젤리, 사탕 등)   (3) 1992년

1 (1) 올해의 바로 앞의 해를 '작년'이라고 해요.

　(2) 올해의 바로 다음 해를 '내년'이라고 해요.

2 (1) 회사의 이름은 '써니스낵'이에요.

　(2) 써니스낵에서는 과자, 젤리, 사탕 등의 제과를 만들어요.

　(3) 써니스낵은 1992년부터 과자, 젤리, 사탕 등의 제과를 만들었어요.

숫자 01 一 한 일 본문 · 118~121쪽

1단계 낱말 알아보기

1 제일   2 일부   3 통일   4 일주일

1 여럿 가운데 가장을 '제일'이라고 해요.

2 한 부분 또는 전체를 여럿으로 나눈 얼마를 '일부'라고 해요.

3 나누어진 것들을 합쳐서 하나로 모이게 하는 것을 '통일'이라고 해요.

4 한 주일 또는 칠 일을 '일주일'이라고 해요.

2단계 문제 풀기

1 (1) 일부   (2) 통일   2 (1) 제일   (2) 일주일
3 ㉮ 컵의 일부가 깨져서

1 (1) 앞마당이 공사 중이라고 했으니까 '일부'가 알맞아요.

　(2) 남한과 북한이 대화를 통해 '통일'을 이루어야 하는 것이 알맞아요.

2 (1) 내가 복숭아를 좋아한다는 문장에는 '제일'이 어울려요.

　(2) 아버지가 외국에서 돌아오시는 기간을 이야기하고 있으니까 '일주일'이 어울려요.

3단계 글로 익히기

1 (1) 일주일   (2) 제일
2 (1) ㉯   (2) ㉮

1 (1) 한 주일을 '일주일'이라고 해요.

　(2) 여럿 가운데 가장을 '제일'이라고 해요.

2 (1) 도현이는 일주일의 시간이 생기면 가족들과 바다에 가고 싶다고 하였어요.

　(2) 이서는 일주일의 시간이 생기면 할아버지를 찾아뵙고 싶다고 하였어요.

1단계 낱말 알아보기

1 이월   **2** 이층   **3** 이중   **4** 이십

1 한 해 열두 달 가운데 둘째 달을 '이월'이라고 해요.

2 여러 층으로 된 건물의 두 번째 층을 '이층'이라고 해요.

3 두 겹 또는 두 번 되풀이되거나 겹치는 것을 '이중'이라고 해요.

4 십의 두 배가 되는 수 또는 수와 양이 스물임을 나타내는 낱말을 '이십'이라고 해요.

2단계 문제 풀기

1 (1) 이월   (2) 이층   **2** (1) 이십   (2) 이중
3 예 이층에는 도서관이 있다.

1 (1) 일월이 지나 졸업식을 한 시간으로는 '이월'이 알맞아요.

(2) 방에서 소리가 났다는 것으로 보아 '이층'이 알맞아요.

2 (1) 사촌 동생의 몸무게는 '이십' 킬로그램이 알맞아요.

(2) 공부에 운동까지 '이중'으로 피곤한 것이 알맞아요.

3단계 글로 익히기

1 (1) 이층   (2) 이중
2 (2)

1 (1) 두 번째 층을 '이층'이라고 해요.

(2) 두 겹을 '이중'이라고 해요.

2 옥탑방은 건물의 제일 위인 옥상에 방 한 칸과 주방, 화장실로 이루어진 곳이에요.

1단계 낱말 알아보기

1 삼국   **2** 삼시   **3** 외삼촌   **4** 삼각형

1 세 나라를 '삼국'이라고 해요.

2 하루 중 세 번 먹는 밥 또는 그 밥을 먹는 때를 '삼시'라고 해요.

3 어머니의 남자 형제를 '외삼촌'이라고 해요.

4 세 개의 선분으로 둘러싸인 도형 또는 세 개의 각이 있는 모양을 '삼각형'이라고 해요.

2단계 문제 풀기

1 (1) 삼시   (2) 외삼촌   **2** (1) 삼각형   (2) 삼국
3 예 삼각형 모양의 지붕을 가진 집을 만들었다.

1 (1) 국수를 먹었다는 문장에는 '삼시'가 알맞아요.

(2) 수영 대회에 참가한 사람에는 '외삼촌'이 알맞아요.

2 (1) 색종이를 접은 모양에는 '삼각형'이 어울려요.

(2) 우리나라, 중국, 일본 세 나라의 대표가 만났다는 문장에는 '삼국'이 어울려요.

3단계 글로 익히기

1 (1) 삼국   (2) 삼각형
2 (1) ×   (2) ○   (3) ○

1 (1) 세 나라를 '삼국'이라고 해요.

(2) 세 개의 선분으로 둘러싸인 도형을 '삼각형'이라고 해요.

2 (1) 외삼촌은 현재 우리나라에서 화가로 활동하고 계세요.

(2) 외삼촌의 그림은 삼각형을 여러 개 겹쳐서 표현하는 것이 특징이에요.

(3) 외삼촌은 멋진 그림을 그리는 비결로 그림에 대한 열정과 꾸준한 노력을 말씀하셨어요.

숫자 04 四 넉 사 본문 · 130~133쪽

1단계 낱말 알아보기

| 1 사계 | 2 사방 | 3 사지 | 4 사골 |

1 봄, 여름, 가을, 겨울을 '사계'라고 해요.

2 동, 서, 남, 북 네 방향을 '사방'이라고 해요.

3 사람의 두 팔과 두 다리를 '사지'라고 해요.

4 짐승, 특히 소의 네 다리뼈를 '사골'이라고 해요.

2단계 문제 풀기

1 (1) 사골   (2) 사계   2 (1) 사방   (2) 사지
3 예 그 집은 사방이 산으로

1 (1) 끓여 먹어야겠다고 한 문장에는 '사골'이 어울려요.

  (2) 우리나라의 아름다운 모습과 관련된 문장에는 '사계'가 어울려요.

2 (1) 종소리가 울려 퍼졌다는 문장에는 '사방'이 알맞아요.

  (2) 피곤해서 힘이 없다는 문장에는 '사지'가 알맞아요.

3단계 글로 익히기

1 (1) 사방   (2) 사지
2 정훈

1 (1) 동, 서, 남, 북 네 방향을 '사방'이라고 해요.

  (2) 두 팔과 두 다리를 '사지'라고 해요.

2 사골국은 소의 다리뼈를 오랜 시간 끓여서 만들어요. 사골국은 임산부나 몸이 약한 사람들이 먹으면 좋아요. 또 사골국은 몸을 따뜻하게 만들어 주는 음식이에요.

숫자 05 五 다섯 오 본문 · 134~137쪽

1단계 낱말 알아보기

| 1 오감 | 2 오목 | 3 오일장 | 4 오뉴월 |

1 시각, 청각, 후각, 미각, 촉각의 다섯 가지 감각을 '오감'이라고 해요.

2 외줄로 흰 돌이나 검은 돌 다섯 개를 이어서 먼저 놓는 사람이 이기는 바둑 놀이를 '오목'이라고 해요.

3 오 일에 한 번씩 서는 시장을 '오일장'이라고 해요.

4 음력 오월과 유월이라는 뜻으로, 여름 한철을 '오뉴월'이라고 해요.

2단계 문제 풀기

1 (1) 오목   (2) 오감   2 (1) 오일장   (2) 오뉴월
3 예 친구와 오목을 두면서 놀면 재미있다.

1 (1) 두고 있다는 것으로 보아 '오목'이 알맞아요.

  (2) 발달한 사람이라고 한 것으로 보아 '오감'이 알맞아요.

2 (1) 할머니께서 호박을 사 오신 곳이니까 '오일장'이 알맞아요.

  (2) 장마에 대비하는 시기니까 '오뉴월'이 알맞아요.

3단계 글로 익히기

1 (1) 오일장   (2) 오감
2 ②

1 (1) 오 일에 한 번씩 서는 시장을 '오일장'이라고 해요.

  (2) 다섯 가지 감각을 '오감'이라고 해요.

2 글쓴이는 오일장에 가는 길에 햇볕을 받아 무럭무럭 자라는 벼를 보았고, 오일장에서는 각종 먹거리와 구석에 자리 잡은 국밥집, 오목을 두는 어르신들을 보았어요.

오늘 배운 한자를 다시 써 보세요.

날 일

오늘 배운 한자를 다시 익혀 보세요.

1 다음 한자의 읽는 소리를 써 보세요.

(1) 生 (생)　　　(2) 記 (기)

2 다음 밑줄 친 말에 해당하는 한자를 보기 에서 찾아 써 보세요.

보기 　每　　來　　日

(1) 오늘이 월요일이니까 <u>내일</u>은 화요일이다.　→ 來日

(2) 나는 건강을 위해 <u>매일</u> 아침마다 사과를 먹는다.　→ 每日

오늘 배운 낱말을 확인해 보세요.

1 다음 문장에 어울리는 낱말을 골라 ◯표 하세요.

(1) 우리 동네 축제가 (⃝내일 / 일기) 시작된다.

(2) 할아버지께서는 (일기 /⃝매일) 마당을 청소하신다.

(3) 어머니께서 (매일 /⃝생일) 선물로 컴퓨터를 사 주셨다.

2 '일(日)'이 들어간 보기 의 낱말 중 빈칸에 알맞은 낱말을 골라 써 보세요.

보기 　매일　　생일　　일기

(1) 주하는 작은 수첩에 [일기] 을/를 썼다.

(2) 은지는 [생일] 을/를 맞아 놀이공원에 갔다.

(3) 언니는 [매일] 저녁마다 한 시간씩 걷기 운동을 한다.

맞힌 개수 　/ 10　　오늘 배운 한자　　日 來 記 生 每

오늘 배운 한자를 다시 써 보세요.

달 월

오늘 배운 한자를 다시 익혀 보세요.

1 다음 한자의 읽는 소리를 써 보세요.

(1) 歲 (세)　　　(2) 給 (급)

2 다음 소리에 해당하는 한자를 보기 에서 찾아 써 보세요.

보기 　　貰　　初

(1) 세 → 貰　　　(2) 초 → 初

오늘 배운 낱말을 확인해 보세요.

1 '월(月)'이 들어간 보기 의 낱말 중 빈칸에 알맞은 낱말을 골라 써 보세요.

보기 　월급　　월세　　월초

(1) 이 방은 [월세] 이/가 비싸다.

(2) 우리 학교는 다음 달 [월초] 까지 방학이다.

(3) 사장님이 직원에게 금요일에 [월급] 을/를 주겠다고 말했다.

2 다음 문장에 어울리는 낱말을 골라 ◯표 하세요.

(1) (⃝세월 / 월급)이 지나면 나무가 자란다.

(2) (세월 /⃝월초)마다 모둠 대표를 바꾼다.

(3) 그 가족은 옥탑방에서 (⃝월세 / 월초)를 내며 살고 있다.

맞힌 개수 　/ 10　　오늘 배운 한자　　月 初 貰 給 歲

오늘 배운 한자를 다시 써 보세요.

불 화

 오늘 배운 한자를 다시 익혀 보세요.

1 다음 한자의 읽는 소리를 써 보세요.

(1) 傷 (상)　　(2) 點 (점)

2 다음 밑줄 친 말에 해당하는 한자를 보기에서 찾아 써 보세요.

보기

火　　災　　消

(1) 이번 달은 우리 학교 화재 예방 기간이다.　→　火災

(2) 화재 현장에 도착한 소방관은 소화 작업에 들어갔다.　→　消火

 오늘 배운 낱말을 확인해 보세요.

1 다음 문장에 어울리는 낱말을 골라 ○표 하세요.

(1) 손에 뜨거운 물을 쏟아서 (화상 / 점화)을/를 입었다.

(2) 다행히 불이 금방 (소화 / 점화)되어 산불이 나지 않았다.

(3) (화상 / 화재)이/가 발생하면 빠른 시간 내에 소방차가 와야 한다.

2 다음 문장의 빈칸에 들어갈 알맞은 낱말을 찾아 선으로 이어 보세요.

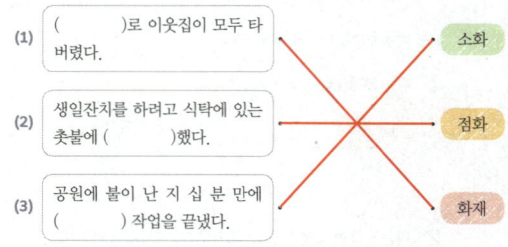

(1) (　　　)로 이웃집이 모두 타 버렸다.　　　　　소화

(2) 생일잔치를 하려고 식탁에 있는 촛불에 (　　　)했다.　　　점화

(3) 공원에 불이 난 지 십 분 만에 (　　　) 작업을 끝냈다.　　화재

 맞힌 개수 　/ 10　　★ 오늘 배운 한자 　火 點 消 災 傷

 오늘 배운 한자를 다시 써 보세요.

물 수

 오늘 배운 한자를 다시 익혀 보세요.

1 다음 한자의 읽는 소리를 써 보세요.

(1) 泳 (영)　　(2) 質 (질)

2 다음 소리에 해당하는 한자를 보기에서 찾아 써 보세요.

보기

冷　　洪

(1) 냉 → 冷　　　　(2) 홍 → 洪

 오늘 배운 낱말을 확인해 보세요.

1 다음 문장에 어울리는 낱말을 골라 ○표 하세요.

(1) 상호는 (수질 / 냉수)을/를 벌컥벌컥 마셨다.

(2) (홍수 / 수질) 피해가 생기지 않도록 댐을 고치고 있다.

(3) 저수지 팻말에는 (수영 / 홍수) 금지 구역이라고 쓰여 있었다.

2 다음 문장의 빈칸에 들어갈 알맞은 낱말을 찾아 색칠해 보세요.

(1) 올해 　홍수　 때문에 고향 땅이 물에 잠겼다.

　　홍수　　　　　냉수

(2) 나는 　수영　 교실에서 초급반에 들어갔다.

　　수질　　　　　수영

(3) 공장에서 나온 물은 　수질　 이/가 좋지 않았다.

　　수질　　　　　홍수

 맞힌 개수 　/ 10　　★ 오늘 배운 한자 　水 質 冷 泳 洪

오늘 배운 한자를 다시 써 보세요.

木 木
나무 목

오늘 배운 한자를 다시 익혀 보세요.

1 다음 한자의 읽는 소리를 써 보세요.

(1) 材 (재)　　(2) 苗 (묘)

2 다음 밑줄 친 말에 해당하는 한자를 보기 에서 찾아 써 보세요.

보기
古　　木　　手

(1) 목수는 톱으로 나무를 잘랐다. → 木手

(2) 사람들이 커다란 고목 아래에서 쉬고 있다. → 古木

오늘 배운 낱말을 확인해 보세요.

1 다음 문장에 어울리는 낱말을 골라 ○표 하세요.

(1) (고목 /⦸목수⦸)들이 나무토막을 다듬기 시작했다.

(2) 공사장에 쌓아 놓은 (목수 /⦸목재⦸)가 무너져 있었다.

(3) 지훈이는 앞마당에 느티나무 (목재 /⦸묘목⦸)을/를 심었다.

2 다음 문장의 빈칸에 들어갈 알맞은 낱말을 찾아 선으로 이어 보세요.

(1) 커다란 (　　　)에 매미가 붙어 있다.

(2) 우리 가족은 앞산에 (　　　)을/를 심었다.

(3) 솜씨 좋은 (　　　)에게 옷장을 만들어 달라고 했다.

목수

고목

묘목

맞힌 개수　　/ 10　　오늘 배운 한자　木 手 苗 材 古

오늘 배운 한자를 다시 써 보세요.

金 金
쇠 금

오늘 배운 한자를 다시 익혀 보세요.

1 다음 한자의 읽는 소리를 써 보세요.

(1) 屬 (속)　　(2) 貯 (저)

2 다음 소리에 해당하는 한자를 보기 에서 찾아 써 보세요.

보기
黃　　稅

(1) 세 → 稅　　(2) 황 → 黃

오늘 배운 낱말을 확인해 보세요.

1 다음 문장에 어울리는 낱말을 골라 ○표 하세요.

(1) 지아는 (⦸황금⦸/ 세금)을 사서 모으고 있다.

(2) 이 (⦸금속⦸/ 저금)은 높은 열에도 잘 녹지 않는다.

(3) 아버지는 매년 나라에 (금속 /⦸세금⦸)을 꼬박꼬박 내셨다.

2 '금(金)'이 들어간 보기 의 낱말 중 빈칸에 알맞은 낱말을 골라 써 보세요.

보기
세금　　저금　　황금

(1) 국민들로부터 세금 을 거두어들였다.

(2) 하나는 황금 으로 만든 팔찌를 차고 있다.

(3) 동생은 집에 있는 동전을 모아 저금 을 했다.

걸린 시간　　/ 10　　오늘 배운 한자　金 屬 黃 貯 稅

오늘 배운 한자를 다시 써 보세요.

흙 토

 오늘 배운 한자를 다시 익혀 보세요.

1 다음 한자의 읽는 소리를 써 보세요.

(1) 農 (농)   (2) 壤 (양)

2 다음 밑줄 친 말에 해당하는 한자를 보기에서 찾아 써 보세요.

보기

國   土   地

(1) 우리는 전 국토를 구석구석 돌아다녔다. → 國土

(2) 아버지는 집을 지으려고 토지를 구입하셨다. → 土地

 오늘 배운 낱말을 확인해 보세요.

1 '토(土)'가 들어간 보기의 낱말 중 빈칸에 알맞은 낱말을 골라 써 보세요.

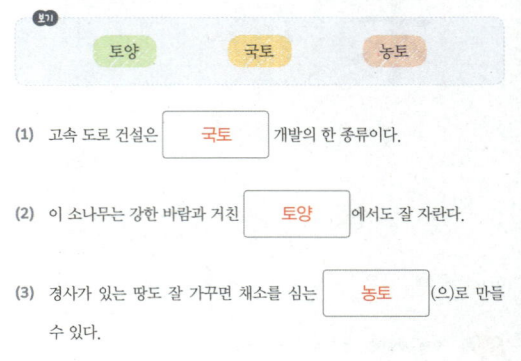

보기

토양   국토   농토

(1) 고속 도로 건설은   국토   개발의 한 종류이다.

(2) 이 소나무는 강한 바람과 거친   토양   에서도 잘 자란다.

(3) 경사가 있는 땅도 잘 가꾸면 채소를 심는   농토   (으)로 만들 수 있다.

2 다음 문장에 어울리는 낱말을 골라 ○표 하세요.

(1) 그는 가지고 있던 (국토 / 토지)를 팔았다.

(2) 우리나라는 (토양 / 국토)의 대부분이 산으로 되어 있다.

(3) 농부는 거친 땅을 벼를 심는 (농토 / 토양)(으)로 가꾸었다.

맞힌 개수   / 10   ★ 오늘 배운 한자   土 地 國 壤 農

 오늘 배운 한자를 다시 써 보세요.

동녘 동

 오늘 배운 한자를 다시 익혀 보세요.

1 다음 한자의 읽는 소리를 써 보세요.

(1) 部 (부)   (2) 海 (해)

2 다음 소리에 해당하는 한자를 보기에서 찾아 써 보세요.

보기

門   大   洋

(1) 대 → 大   (2) 문 → 門   (3) 양 → 洋

 오늘 배운 낱말을 확인해 보세요.

1 다음 문장의 빈칸에 들어갈 알맞은 낱말을 찾아 선으로 이어 보세요.

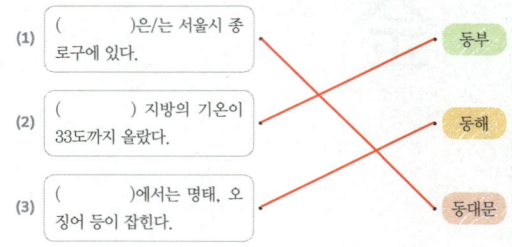

(1) ( )은/는 서울시 종로구에 있다.   동부

(2) ( ) 지방의 기온이 33도까지 올랐다.   동해

(3) ( )에서는 명태, 오징어 등이 잡힌다.   동대문

2 다음 문장의 빈칸에 들어갈 알맞은 낱말을 찾아 색칠해 보세요.

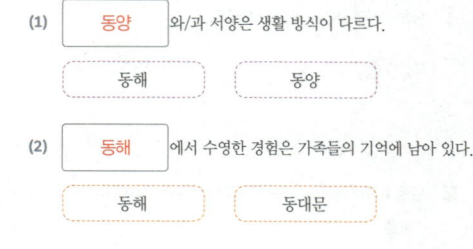

(1)   동양   와/과 서양은 생활 방식이 다르다.

동해   동양

(2)   동해   에서 수영한 경험은 가족들의 기억에 남아 있다.

동해   동대문

맞힌 개수   / 10   ★ 오늘 배운 한자   東 海 洋 部 大 門

오늘 배운 한자를 다시 써 보세요.

서녘 서

 오늘 배운 한자를 다시 익혀 보세요.

1 다음 한자의 읽는 소리를 써 보세요.

(1) 洋 (양)   (2) 學 (학)

2 다음 밑줄 친 말에 해당하는 한자를 <보기>에서 찾아 써 보세요.

보기
西   大   風   洋

(1) 서풍이 살랑살랑 불기 시작한다. → 西風

(2) 이 커다란 배는 대서양을 지난다. → 大西洋

 오늘 배운 낱말을 확인해 보세요.

1 다음 문장에 어울리는 낱말을 골라 ○표 하세요.

(1) 김 교수는 (서양 / 서풍)의 언어를 연구하고 있다.

(2) 그들이 탄 비행기는 (서학 / 대서양)을 비행하고 있다.

(3) 아침에는 (서풍 / 서학)이 강하게 불었는데 지금은 멈췄다.

2 '서(西)'가 들어간 <보기>의 낱말 중 빈칸에 알맞은 낱말을 골라 써 보세요.

보기
서풍   서학   대서양

(1) 할아버지는 서학 책을 많이 읽으셨다.

(2) 언덕에서는 서풍 이 기분 좋게 불어왔다.

(3) 그 미술관에는 대서양 을 건너온 조각 작품이 있다.

맞힌 개수 / 10   ★ 오늘 배운 한자   西 學 洋 風 大

 오늘 배운 한자를 다시 써 보세요.

남녘 남

 오늘 배운 한자를 다시 익혀 보세요.

1 다음 한자의 읽는 소리를 써 보세요.

(1) 極 (극)   (2) 北 (북)

2 다음 소리에 해당하는 한자를 <보기>에서 찾아 써 보세요.

보기
向   江

(1) 강 → 江   (2) 향 → 向

 오늘 배운 낱말을 확인해 보세요.

1 '남(南)'이 들어간 <보기>의 낱말 중 빈칸에 알맞은 낱말을 골라 써 보세요.

보기
강남   남극   남향

(1) 오늘 친구와 강남 에 있는 음식점에서 만나기로 했다.

(2) 우리나라 사람들은 남향 으로 지어진 건물을 좋아한다.

(3) 북극 탐험을 했던 탐험대가 이번에는 남극 탐험을 계획하고 있다.

2 다음 문장에 어울리는 낱말을 골라 ○표 하세요.

(1) 우리나라는 한 민족이 (남극 / 남북)으로 갈라졌다.

(2) (강남 / 남향)으로 지은 집이 동향으로 지은 집보다 따뜻하다.

(3) 서울은 강을 기준으로 강북과 (강남 / 남향)으로 나눌 수 있다.

맞힌 개수 / 10   ★ 오늘 배운 한자   南 北 江 向 極

오늘 배운 한자를 다시 써 보세요.

북녘 북

 오늘 배운 한자를 다시 익혀 보세요.

1 다음 한자의 읽는 소리를 써 보세요.

(1) 部 (부)　　　(2) 韓 (한)

2 다음 밑줄 친 말에 해당하는 한자를 보기에서 찾아 써 보세요.

보기
北　星　魚　極

(1) 그는 키가 작았고 북어처럼 마른 사내였다.　→　北魚

(2) 선원들은 배를 탈 때 북극성을 보며 길을 찾았다.　→　北極星

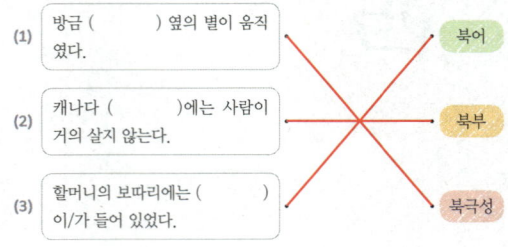 오늘 배운 낱말을 확인해 보세요.

1 다음 문장의 빈칸에 들어갈 알맞은 낱말을 찾아 선으로 이어 보세요.

(1) 방금 (　　　) 옆의 별이 움직였다.　　　　　　　　　북어

(2) 캐나다 (　　　)에는 사람이 거의 살지 않는다.　　　　북부

(3) 할머니의 보따리에는 (　　　)이/가 들어 있었다.　　　북극성

2 '북(北)'이 들어간 보기의 낱말 중 빈칸에 알맞은 낱말을 골라 써 보세요.

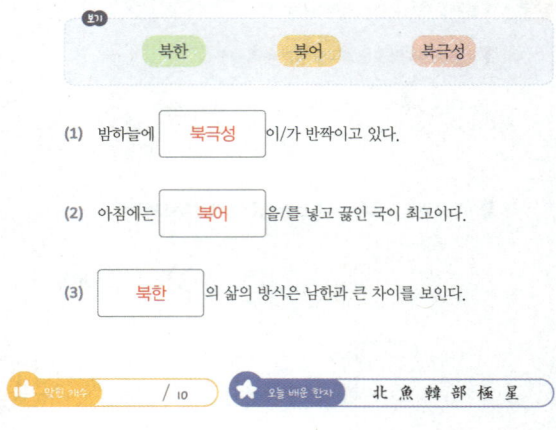

보기
북한　　　북어　　　북극성

(1) 밤하늘에 | 북극성 | 이/가 반짝이고 있다.

(2) 아침에는 | 북어 | 을/를 넣고 끓인 국이 최고이다.

(3) | 북한 | 의 삶의 방식은 남한과 큰 차이를 보인다.

👍 알린 개수　　 / 10　　⭐ 오늘 배운 한자　北 魚 韓 部 極 星

 오늘 배운 한자를 다시 써 보세요.

바깥 외

 오늘 배운 한자를 다시 익혀 보세요.

1 다음 한자의 읽는 소리를 써 보세요.

(1) 疏 (소)　　　(2) 貌 (모)

2 다음 소리에 해당하는 한자를 보기에서 찾아 써 보세요.

보기
出　海

(1) 출 → 出　　　(2) 해 → 海

 오늘 배운 낱말을 확인해 보세요.

1 다음 문장의 빈칸에 들어갈 알맞은 낱말을 찾아 선으로 이어 보세요.

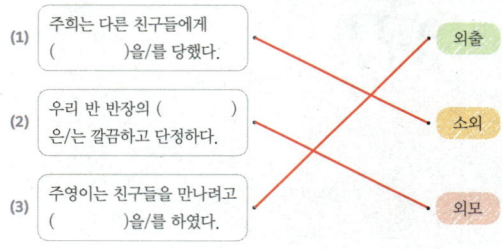

(1) 주희는 다른 친구들에게 (　　　)을/를 당했다.　　　외출

(2) 우리 반 반장의 (　　　)은/는 깔끔하고 단정하다.　　소외

(3) 주영이는 친구들을 만나려고 (　　　)을/를 하였다.　　외모

2 다음 문장에 어울리는 낱말을 골라 ◯표 하세요.

(1) 아버지는 (해외 / 외모)에 자주 나가신다.

(2) 정민이는 자신의 (외모 / 외출)을/를 열심히 가꾼다.

(3) 아버지께서는 잠깐 (소외 / 외출)할 때에도 꼭 구두를 신으셨다.

 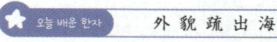

👍 알린 개수　　 / 10　　⭐ 오늘 배운 한자　外 貌 疏 出 海

오늘 배운 한자를 다시 써 보세요.

人　人
사람 인

오늘 배운 한자를 다시 익혀 보세요.

1 다음 한자의 읽는 소리를 써 보세요.

(1) 商 (상)　　(2) 相 (상)

2 다음 밑줄 친 말에 해당하는 한자를 보기에서 찾아 써 보세요.

보기　巨　人　愛

(1) 저 남자와 여자는 <u>애인</u> 사이이다.　→ 愛人

(2) <u>거인</u>이 움직이자 발자국마다 땅이 움푹 파였다.　→ 巨人

오늘 배운 낱말을 확인해 보세요.

1 '인(人)'이 들어간 보기의 낱말 중 빈칸에 알맞은 낱말을 골라 써 보세요.

보기　애인　상인　인상

(1) 동대문 시장에는 옷을 파는 [상인]이 많다.

(2) 동생은 배가 아파서 [인상]을 찌푸리고 있었다.

(3) 이모는 자신의 [애인]이 세상에서 가장 멋있어 보였다.

2 다음 문장에 어울리는 낱말을 골라 ○표 하세요.

(1) 작년에 언니는 사랑하는 (⬭애인 / 거인)과 헤어졌다.

(2) 그는 몸집이 산만한 (상인 /⬭거인)을 보고 겁에 질렸다.

(3) 채소 가게 (인상 /⬭상인)은 여러 가지 야채를 판매하였다.

맞힌 개수 　/ 10　　★ 오늘 배운 한자　人 相 愛 商 巨

오늘 배운 한자를 다시 써 보세요.

母　母
어머니 모

오늘 배운 한자를 다시 익혀 보세요.

1 다음 한자의 읽는 소리를 써 보세요.

(1) 丈 (장)　　(2) 姨 (이)

2 다음 소리에 해당하는 한자를 보기에서 찾아 써 보세요.

보기　父　母　女

(1) 녀 → 女　(2) 모 → 母　(3) 부 → 父

오늘 배운 낱말을 확인해 보세요.

1 다음 문장의 빈칸에 들어갈 알맞은 낱말을 찾아 색칠해 보세요.

(1) 재희는 [부모]님께 편지를 썼다.

모녀　　부모

(2) [장모]는 딸의 남편이 왔다며 맛있는 음식을 준비했다.

장모　　부모

2 다음 문장의 빈칸에 들어갈 알맞은 낱말을 찾아 선으로 이어 보세요.

(1) 어머니와 누나 (　　)는 자전거를 타고 갔다.　　——　부모

(2) 나는 (　　)님의 가르침에 따라 아침마다 책을 읽는다.　——　모녀

(3) 우리 엄마와 (　　)는 자매인데도 조금도 닮지 않았다.　——　이모

맞힌 개수 　/ 10　　★ 오늘 배운 한자　母 姨 父 女 丈

 오늘 배운 한자를 다시 써 보세요.

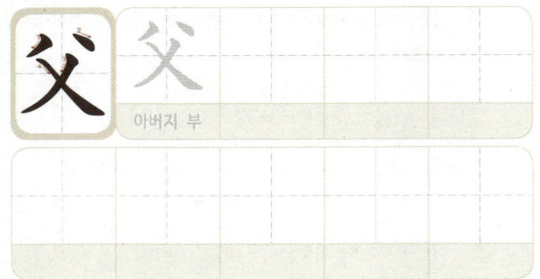

父 / 父 / 아버지 부

 오늘 배운 한자를 다시 익혀 보세요.

1 다음 한자의 읽는 소리를 써 보세요.

(1) 親 (친)   (2) 叔 (숙)

2 다음 밑줄 친 말에 해당하는 한자를 [보기]에서 찾아 써 보세요.

[보기]

子   祖   父

(1) 옆집 부자는 주말마다 함께 등산을 한다. → 父子

(2) 나의 조부님은 독립 운동에 목숨을 바치신 분이다. → 祖父

 오늘 배운 낱말을 확인해 보세요.

1 '부(父)'가 들어간 [보기]의 낱말 중 빈칸에 알맞은 낱말을 골라 써 보세요.

[보기]
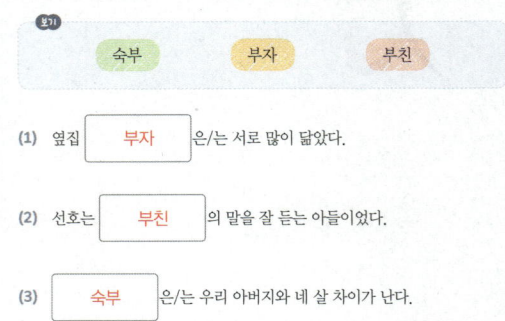
숙부   부자   부친

(1) 옆집 부자 은/는 서로 많이 닮았다.

(2) 선호는 부친 의 말을 잘 듣는 아들이었다.

(3) 숙부 은/는 우리 아버지와 네 살 차이가 난다.

2 다음 문장에 어울리는 낱말을 골라 ○표 하세요.

(1) 그는 어린 시절 (ⓞ숙부 / 부자)네 집에서 살았다.

(2) (숙부 / ⓞ조부)께서는 손자를 매우 귀여워하셨다.

(3) 원희의 친할머니는 사랑으로 원희의 (부자 / ⓞ부친)을/를 키웠다.

맞힌 개수   / 10   ⭐ 오늘 배운 한자   父 親 祖 子 叔

 오늘 배운 한자를 다시 써 보세요.

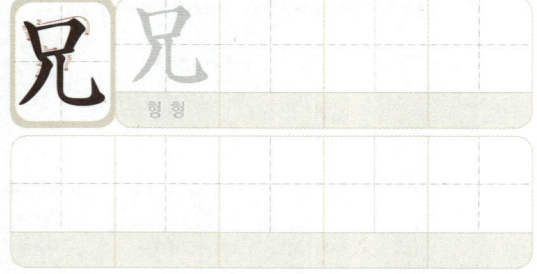

兄 / 兄 / 형 형

 오늘 배운 한자를 다시 익혀 보세요.

1 다음 한자의 읽는 소리를 써 보세요.

(1) 嫂 (수)   (2) 父 (부)

2 다음 소리에 해당하는 한자를 [보기]에서 찾아 써 보세요.

[보기]

學   弟   親

(1) 친 → 親   (2) 제 → 弟   (3) 학 → 學

오늘 배운 낱말을 확인해 보세요.

1 다음 문장의 빈칸에 들어갈 알맞은 낱말을 찾아 색칠해 보세요.

(1) 학교에서는 모든 학부형 들에게 안내문을 보냈다.

형수   학부형

(2) 형과 형수 는 놀란 표정으로 나를 쳐다보았다.

형수   형제

(3) 우리 학교 전교 회장은 호준이의 두 살 많은 친형 이다.

친형   학부형

2 '형(兄)'이 들어간 [보기]의 낱말 중 빈칸에 알맞은 낱말을 골라 써 보세요.

[보기]
형제   학부형

(1) 아버지는 우리 두 형제 을/를 믿고 계신다.

(2) 학부형 들은 학급 행사에 참여하기 위해 교실에 모였다.

맞힌 개수   / 10   ⭐ 오늘 배운 한자   兄 嫂 親 弟 學 父

오늘 배운 한자를 다시 써 보세요.

아우 제

 오늘 배운 한자를 다시 익혀 보세요.

1 다음 한자의 읽는 소리를 써 보세요.

(1) 妻 (처)   (2) 嫂 (수)

2 다음 밑줄 친 말에 해당하는 한자를 보기에서 찾아 써 보세요.

보기

子   妻   弟

(1) 문 선생님을 보러 옛날 제자들이 찾아왔다. → <u>弟子</u>

(2) 막내 처제는 유치원에서 아이들을 돌보고 있다. → <u>妻弟</u>

 오늘 배운 낱말을 확인해 보세요.

1 다음 문장의 빈칸에 들어갈 알맞은 낱말을 찾아 선으로 이어 보세요.

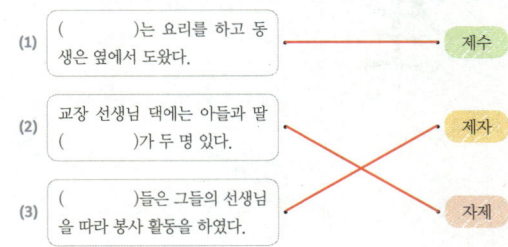

(1) (   )는 요리를 하고 동생 옆에서 도왔다. ———— 제수

(2) 교장 선생님 댁에는 아들과 딸 (   )가 두 명 있다. ———— 제자

(3) (   )들은 그들의 선생님을 따라 봉사 활동을 하였다. ———— 자제

2 다음 문장에 어울리는 낱말을 골라 ○표 하세요.

(1) 동생은 (자제 / (제수))와 이 년 전에 결혼했다.

(2) 언니의 남편에게 (제자 / (처제))가 고마움을 전했다.

(3) 선생님은 자신이 가르쳤던 ((제자) / 제수)를 보고 기뻐하셨다.

 맞힌 개수   / 10   ⭐ 오늘 배운 한자   弟 妻 嫂 子

 오늘 배운 한자를 다시 써 보세요.

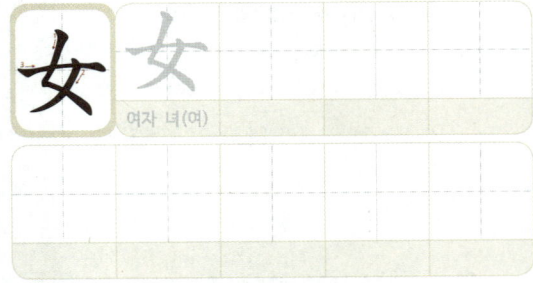

여자 녀(여)

 오늘 배운 한자를 다시 익혀 보세요.

1 다음 한자의 읽는 소리를 써 보세요.

(1) 子 (자)   (2) 王 (왕)

2 다음 소리에 해당하는 한자를 보기에서 찾아 써 보세요.

보기

孝   海

(1) 해 → <u>海</u>   (2) 효 → <u>孝</u>

 오늘 배운 낱말을 확인해 보세요.

1 다음 문장의 빈칸에 들어갈 알맞은 낱말을 찾아 색칠해 보세요.

(1) 부모님은 (여왕 / (자녀)) 교육에 관심이 많았다.

(2) ((여왕) / 효녀)은/는 궁궐에서 화려한 잔치를 벌이고 있었다.

(3) 일하러 물속에 들어갔던 (효녀 / (해녀))들이 하나둘씩 물 밖으로 나왔다.

2 '녀/여(女)'가 들어간 보기의 낱말 중 빈칸에 알맞은 낱말을 골라 써 보세요.

보기

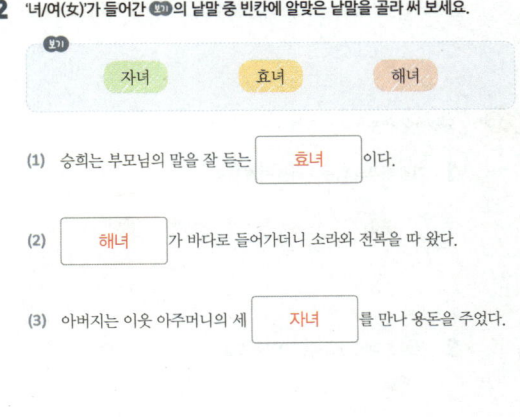

자녀   효녀   해녀

(1) 승희는 부모님의 말을 잘 듣는 | 효녀 |이다.

(2) | 해녀 |가 바다로 들어가더니 소라와 전복을 따 왔다.

(3) 아버지는 이웃 아주머니의 세 | 자녀 |를 만나 용돈을 주었다.

 맞힌 개수   / 10   ⭐ 오늘 배운 한자   女 王 海 子 孝

오늘 배운 한자를 다시 써 보세요.

날 생

 오늘 배운 한자를 다시 익혀 보세요.

1 다음 한자의 읽는 소리를 써 보세요.

(1) 學 (학)　　(2) 先 (선)

2 다음 밑줄 친 말에 해당하는 한자를 <보기>에서 찾아 써 보세요.

人　　出　　生

(1) 친구는 인생에서 즐거움을 나누는 존재이다.　→ __人生__

(2) 그에 대해서는 출생에 대한 기록이 거의 없었다.　→ __出生__

 오늘 배운 낱말을 확인해 보세요.

1 '생(生)'이 들어간 <보기>의 낱말 중 빈칸에 알맞은 낱말을 골라 써 보세요.

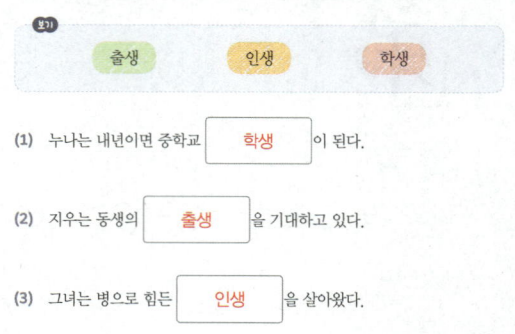
보기
출생　　인생　　학생

(1) 누나는 내년이면 중학교 __학생__ 이 된다.

(2) 지우는 동생의 __출생__ 을 기대하고 있다.

(3) 그녀는 병으로 힘든 __인생__ 을 살아왔다.

2 다음 문장에 어울리는 낱말을 골라 ○표 하세요.

(1) 할머니는 농촌에서 (인생 / (출생))하셨다.

(2) 삼촌은 초등학교 수학 ((선생) / 인생)이다.

(3) (출생 / (학생))들이 교실에서 공부를 하고 있다.

알친 개수　　/ 10　　오늘 배운 한자　　生 人 先 學 出

 오늘 배운 한자를 다시 써 보세요.

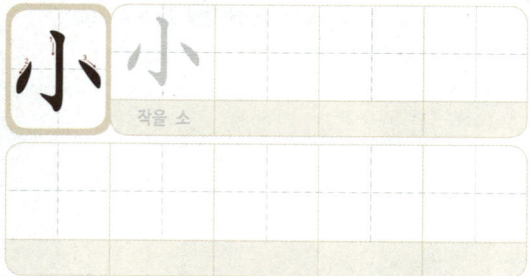
작을 소

 오늘 배운 한자를 다시 익혀 보세요.

1 다음 한자의 읽는 소리를 써 보세요.

(1) 縮 (축)　　(2) 最 (최)

2 다음 소리에 해당하는 한자를 <보기>에서 찾아 써 보세요.

보기
型　　兒

(1) 아 → __兒__　　(2) 형 → __型__

 오늘 배운 낱말을 확인해 보세요.

1 다음 문장에 어울리는 낱말을 골라 ○표 하세요.

(1) 선아는 (최소 / (축소))된 지도를 보며 공원을 찾아갔다.

(2) 병원은 아픈 ((소아) / 최소)들과 보호자들로 가득 찼다.

(3) 대형 가구보다 저렴한 ((소형) / 축소) 가구를 사는 사람들이 많아졌다.

2 '소(小)'가 들어간 <보기>의 낱말 중 빈칸에 알맞은 낱말을 골라 써 보세요.

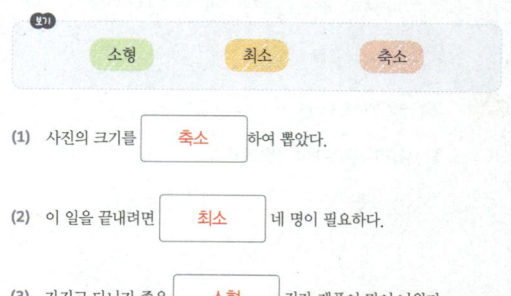
보기
소형　　최소　　축소

(1) 사진의 크기를 __축소__ 하여 뽑았다.

(2) 이 일을 끝내려면 __최소__ 네 명이 필요하다.

(3) 가지고 다니기 좋은 __소형__ 전자 제품이 많이 나왔다.

알친 개수　　/ 10　　오늘 배운 한자　　小 型 縮 最 兒

오늘 배운 한자를 다시 써 보세요.

中	中				
가운데 중					

오늘 배운 한자를 다시 익혀 보세요.

1 다음 한자의 읽는 소리를 써 보세요.

(1) 間 (간)　　　(2) 旬 (순)

2 다음 밑줄 친 말에 해당하는 한자를 보기 에서 찾아 써 보세요.

보기
心　　中　　途

(1) 트럭이 사거리 <u>중심</u>에 멈춰 섰다.　→　中心
(2) 형은 식사 <u>도중</u>에 전화를 받았다.　→　途中

오늘 배운 낱말을 확인해 보세요.

1 '중(中)'이 들어간 보기 의 낱말 중 빈칸에 알맞은 낱말을 골라 써 보세요.

보기
중간　　중심　　중순

(1) 화살이 목표물의 [중심]을 꿰뚫었다.

(2) 이 서점은 책과 책상의 [중간]에 의자를 놓았다.

(3) 이번 달 [중순]부터 비가 자주 내릴 것이라고 한다.

2 다음 문장의 빈칸에 들어갈 알맞은 낱말을 찾아 선으로 이어 보세요.

(1) 서희가 말하는 (　　)에 가 희가 끼어들었다. — 중간

(2) 그들은 은행과 식당 (　　) 골목으로 걸어갔다. — 도중

(3) 다음 달 (　　)부터 본격적 인 추위가 시작된다고 한다. — 중순

맞힌 개수 　/ 10　　오늘 배운 한자　　中 間 途 旬 心

오늘 배운 한자를 다시 써 보세요.

大	大				
큰 대					

오늘 배운 한자를 다시 익혀 보세요.

1 다음 한자의 읽는 소리를 써 보세요.

(1) 型 (형)　　　(2) 擴 (확)

2 다음 소리에 해당하는 한자를 보기 에서 찾아 써 보세요.

보기
會　　衆

(1) 중 → 衆　　　(2) 회 → 會

오늘 배운 낱말을 확인해 보세요.

1 다음 문장의 빈칸에 들어갈 알맞은 낱말을 찾아 색칠해 보세요.

(1) [대중]을/를 위한 체육관을 늘려야 한다.
　　대중　　확대

(2) 그 유람선은 [대형] 축구장보다도 훨씬 크다.
　　대회　　대형

(3) 그는 [확대]가 된 단체 사진에서 자신을 찾아보았다.
　　대회　　확대

2 다음 문장에 어울리는 낱말을 골라 ○표 하세요.

(1) (대중 /(대형)) 사고였는데도 다친 사람이 없었다.
(2) 우리 학교는 이 년마다 글짓기 ((대회)/ 확대)를 연다.
(3) 그 회사는 만두를 만드는 시설을 (대형 /(확대))하였다.

맞힌 개수 　/ 10　　오늘 배운 한자　　大 型 擴 會 衆

오늘 배운 한자를 다시 써 보세요.

긴 장

 오늘 배운 한자를 다시 익혀 보세요.

1 다음 한자의 읽는 소리를 써 보세요.

(1) (연) (2) (단)

2 다음 밑줄 친 말에 해당하는 한자를 보기에서 찾아 써 보세요.

보기
成　　長　　期

(1) 나무는 햇빛을 많이 받으면 성장이 빨라진다. → 成長

(2) 영수는 그 지역에 혼자서 장기로 머물고 있다. → 長期

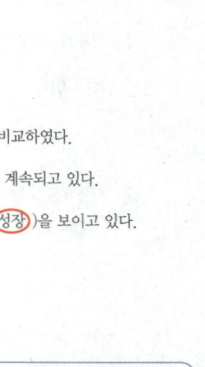 오늘 배운 낱말을 확인해 보세요.

1 '장(長)'이 들어간 보기의 낱말 중 빈칸에 알맞은 낱말을 골라 써 보세요.

보기
장기　　성장　　장단

(1) 이 방법에는 장단 이/가 있다.

(2) 형의 중학생 아들은 성장 이/가 매우 빠르다.

(3) 인기가 많아진 가수는 장기 공연을 시작했다.

2 다음 문장에 어울리는 낱말을 골라 ○표 하세요.

(1) 연필을 세워 놓고 (장기 / (장단))을/를 비교하였다.

(2) 생명을 ((연장) / 장기)하기 위한 연구가 계속되고 있다.

(3) 올해 초에 태어난 판다는 빠른 (연장 / (성장))을 보이고 있다.

맞힌 개수 / 10 ★ 오늘 배운 한자 長 期 成 短 延

 오늘 배운 한자를 다시 써 보세요.

마디 촌

 오늘 배운 한자를 다시 익혀 보세요.

1 다음 한자의 읽는 소리를 써 보세요.

(1) (수) (2) (삼)

2 다음 소리에 해당하는 한자를 보기에서 찾아 써 보세요.

보기
四　　刻

(1) 각 → 刻 (2) 사 → 四

오늘 배운 낱말을 확인해 보세요.

1 다음 문장의 빈칸에 들어갈 알맞은 낱말을 찾아 색칠해 보세요.

(1) 촌수 을/를 따져 보니 그는 나와 오촌이었다.

촌수　　촌각

(2) 윤호는 사촌 형에게 버릇없이 반말로 대들었다.

사촌　　촌수

(3) 그녀가 누구인지 알아보는 데 촌각 의 시간도 걸리지 않았다.

삼촌　　촌각

2 다음 문장에 어울리는 낱말을 골라 ○표 하세요.

(1) ((삼촌) / 촌수)은/는 나를 친자식처럼 예뻐해 주셨다.

(2) (사촌 / (촌수))은/는 멀지만 그와 나는 같은 집안 사람이다.

(3) 오랜만에 만난 ((사촌) / 촌각) 누나와 어색한 시간을 보냈다.

맞힌 개수 / 10 ★ 오늘 배운 한자 寸 刻 四 數 三

오늘 배운 한자를 다시 써 보세요.

年 | 年
해 년(연)

 오늘 배운 한자를 다시 익혀 보세요.

1 다음 한자의 읽는 소리를 써 보세요.

(1) 來 (내)   (2) 豊 (풍)

2 다음 밑줄 친 말에 해당하는 한자를 보기에서 찾아 써 보세요.

보기
年   度   昨

(1) 내가 초등학교를 졸업한 연도는 2017년이다. → 年度

(2) 올 여름은 작년 여름보다 더울 것이라고 한다. → 昨年

 오늘 배운 낱말을 확인해 보세요.

1 다음 문장의 빈칸에 들어갈 알맞은 낱말을 찾아 선으로 이어 보세요.

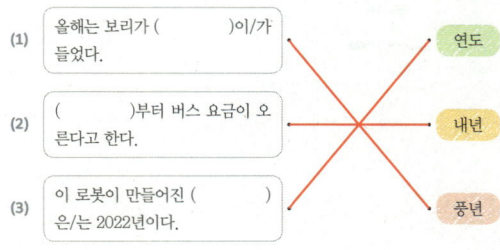

(1) 올해는 보리가 ( )이/가 들었다.   연도

(2) ( )부터 버스 요금이 오른다고 한다.   내년

(3) 이 로봇이 만들어진 ( )은/는 2022년이다.   풍년

2 '년/연(年)'이 들어간 보기의 낱말 중 빈칸에 알맞은 낱말을 골라 써 보세요.

보기
내년   작년   풍년

(1) 내년 3월부터 도로 공사를 시작한다.

(2) 창고에는 작년 에 만든 물건이 팔리지 않고 남아 있다.

(3) 마을 사람들이 모여서 풍년 을 기원하는 잔치를 벌였다.

맞힌 개수 / 10   ★ 오늘 배운 한자   年 度 來 昨 豊

 오늘 배운 한자를 다시 써 보세요.

一 | 一
한 일

 오늘 배운 한자를 다시 익혀 보세요.

1 다음 한자의 읽는 소리를 써 보세요.

(1) 統 (통)   (2) 第 (제)

2 다음 소리에 해당하는 한자를 보기에서 찾아 써 보세요.

보기
週   部   日

(1) 부 → 部   (2) 일 → 日   (3) 주 → 週

 오늘 배운 낱말을 확인해 보세요.

1 다음 문장의 빈칸에 들어갈 알맞은 낱말을 찾아 선으로 이어 보세요.

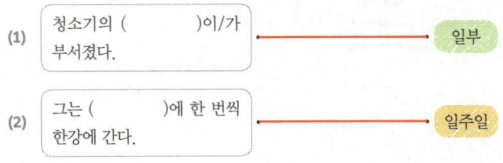

(1) 청소기의 ( )이/가 부서졌다.   일부

(2) 그는 ( )에 한 번씩 한강에 간다.   일주일

2 다음 문장의 빈칸에 들어갈 알맞은 낱말을 찾아 색칠해 보세요.

(1) 그 일이 끝나려면 일주일 이 걸린다.
제일   일주일

(2) 현민이는 우리 반에서 키가 제일 크다.
일부   제일

(3) 할아버지의 소원은 남과 북이 통일 하는 것이다.
일부   통일

맞힌 개수 / 10   ★ 오늘 배운 한자   一 部 統 第 週 日

오늘 배운 한자를 다시 써 보세요.

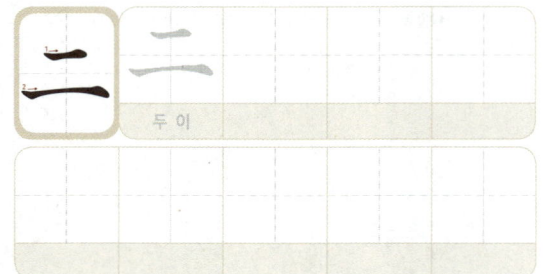

두 이

 오늘 배운 한자를 다시 익혀 보세요.

1 다음 한자의 읽는 소리를 써 보세요.

(1) 重 (중) (2) 層 (층)

2 다음 밑줄 친 말에 해당하는 한자를 <보기>에서 찾아 써 보세요.

보기

二　月　十

(1) 어머니의 생신은 <u>이월</u>이다. → <u>二月</u>

(2) 내일은 부모님의 결혼 <u>이십</u> 주년 기념일이다. → <u>二十</u>

 오늘 배운 낱말을 확인해 보세요.

1 다음 문장에 어울리는 낱말을 골라 ○표 하세요.

(1) 내년 (이월)/ 이중) 겨울 방학에 여행을 간다.

(2) 서연이의 집은 마당이 있는 (이월 /(이층)) 기와집이다.

(3) 군사들은 적의 공격에 맞서 성문을 튼튼하게 (이십 /(이중))으로 만들었다.

2 '이(二)'가 들어간 <보기> 의 낱말 중 빈칸에 알맞은 낱말을 골라 써 보세요.

보기
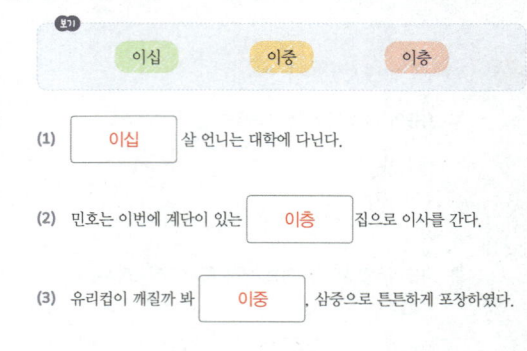
이십　　이중　　이층

(1) [이십] 살 언니는 대학에 다닌다.

(2) 민호는 이번에 계단이 있는 [이층] 집으로 이사를 간다.

(3) 유리컵이 깨질까 봐 [이중], 삼중으로 튼튼하게 포장하였다.

학인 개수 　 / 10　　오늘 배운 한자　 二 重 層 十 月

 오늘 배운 한자를 다시 써 보세요.

석 삼

 오늘 배운 한자를 다시 익혀 보세요.

1 다음 한자의 읽는 소리를 써 보세요.

(1) 國 (국) (2) 寸 (촌)

2 다음 소리에 해당하는 한자를 <보기>에서 찾아 써 보세요.

보기

角　　形　　時

(1) 각 → <u>角</u>　(2) 시 → <u>時</u>　(3) 형 → <u>形</u>

 오늘 배운 낱말을 확인해 보세요.

1 다음 문장의 빈칸에 들어갈 알맞은 낱말을 찾아 선으로 이어 보세요.

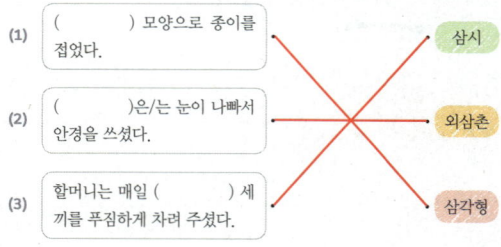

(1) (　) 모양으로 종이를 접었다.　　　　삼시

(2) (　)은/는 눈이 나빠서 안경을 쓰셨다.　　외삼촌

(3) 할머니는 매일 (　) 세 끼를 푸짐하게 차려 주셨다.　　삼각형

2 '삼(三)'이 들어간 <보기> 의 낱말 중 빈칸에 알맞은 낱말을 골라 써 보세요.

보기
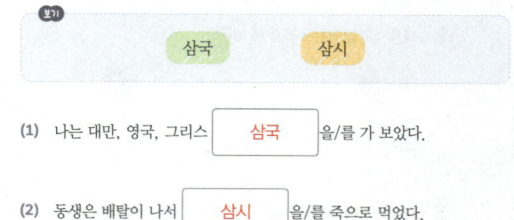
삼국　　　　삼시

(1) 나는 대만, 영국, 그리스 [삼국] 을/를 가 보았다.

(2) 동생은 배탈이 나서 [삼시] 을/를 죽으로 먹었다.

학인 개수 　 / 10　　오늘 배운 한자　 三 國 外 寸 角 形 時

오늘 배운 한자를 다시 써 보세요.

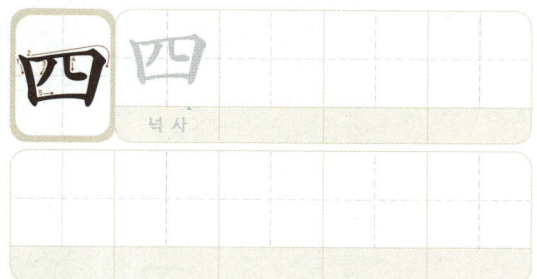

넉 사

 오늘 배운 한자를 다시 익혀 보세요.

1 다음 한자의 읽는 소리를 써 보세요.

(1) 骨 (골) (2) 肢 (지)

2 다음 밑줄 친 말에 해당하는 한자를 보기 에서 찾아 써 보세요.

보기
四　季　方

(1) 그녀는 은행나무의 <u>사계</u>가 아름다웠던 때를 떠올렸다. → 四季

(2) 임금은 산삼을 구하기 위해 <u>사방</u>으로 사람들을 보냈다. → 四方

 오늘 배운 낱말을 확인해 보세요.

1 다음 문장에 어울리는 낱말을 골라 ○표 하세요.

(1) 추운 날씨 때문에 (사계 / (사지))가 떨린다.

(2) ((사골) / 사방) 국물을 먹으며 어머니의 정성을 느꼈다.

(3) 지오는 경복궁의 (사골 / (사계))을/를 담은 영상을 만들었다.

2 '사(四)'가 들어간 보기 의 낱말 중 빈칸에 알맞은 낱말을 골라 써 보세요.

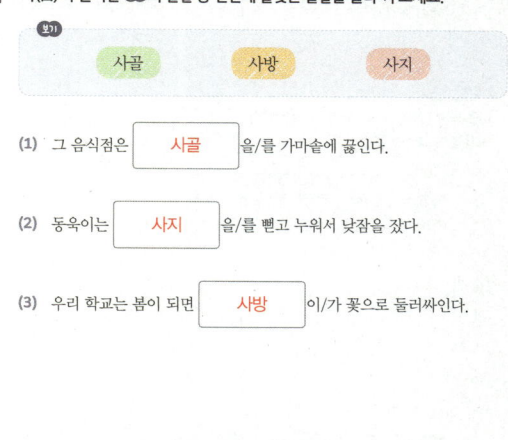
보기
사골　사방　사지

(1) 그 음식점은 | 사골 | 을/를 가마솥에 끓인다.

(2) 동욱이는 | 사지 | 을/를 뻗고 누워서 낮잠을 잤다.

(3) 우리 학교는 봄이 되면 | 사방 | 이/가 꽃으로 둘러싸인다.

 맞힌 개수 [ ] / 10　오늘 배운 한자 四 肢 季 方 骨

 오늘 배운 한자를 다시 써 보세요.

다섯 오

 오늘 배운 한자를 다시 익혀 보세요.

1 다음 한자의 읽는 소리를 써 보세요.

(1) 感 (감) (2) 目 (목)

2 다음 소리에 해당하는 한자를 보기 에서 찾아 써 보세요.

보기
月　場

(1) 월 → 月 (2) 장 → 場

 오늘 배운 낱말을 확인해 보세요.

1 다음 문장에 어울리는 낱말을 골라 ○표 하세요.

(1) 옆 마을에서 (오목 / (오일장))이 선다.

(2) 아주머니가 (오감 / (오뉴월)) 햇볕 아래에서 상추를 심고 계셨다.

(3) 축제에서는 참가자들의 ((오감) / 오일장)을 자극하는 행사가 열린다.

2 다음 문장의 빈칸에 들어갈 알맞은 낱말을 찾아 색칠해 보세요.

(1) 윤도는 친구와 | 오목 | 놀이를 했다.

오목　　오뉴월

(2) 비가 내렸지만 | 오뉴월 | 더위가 계속되었다.

오뉴월　　오일장

(3) 소민이가 나에게 | 오일장 | 구경을 가자고 말했다.

오감　　오일장

 맞힌 개수 [ ] / 10　오늘 배운 한자 五 感 目 六 月 日 場

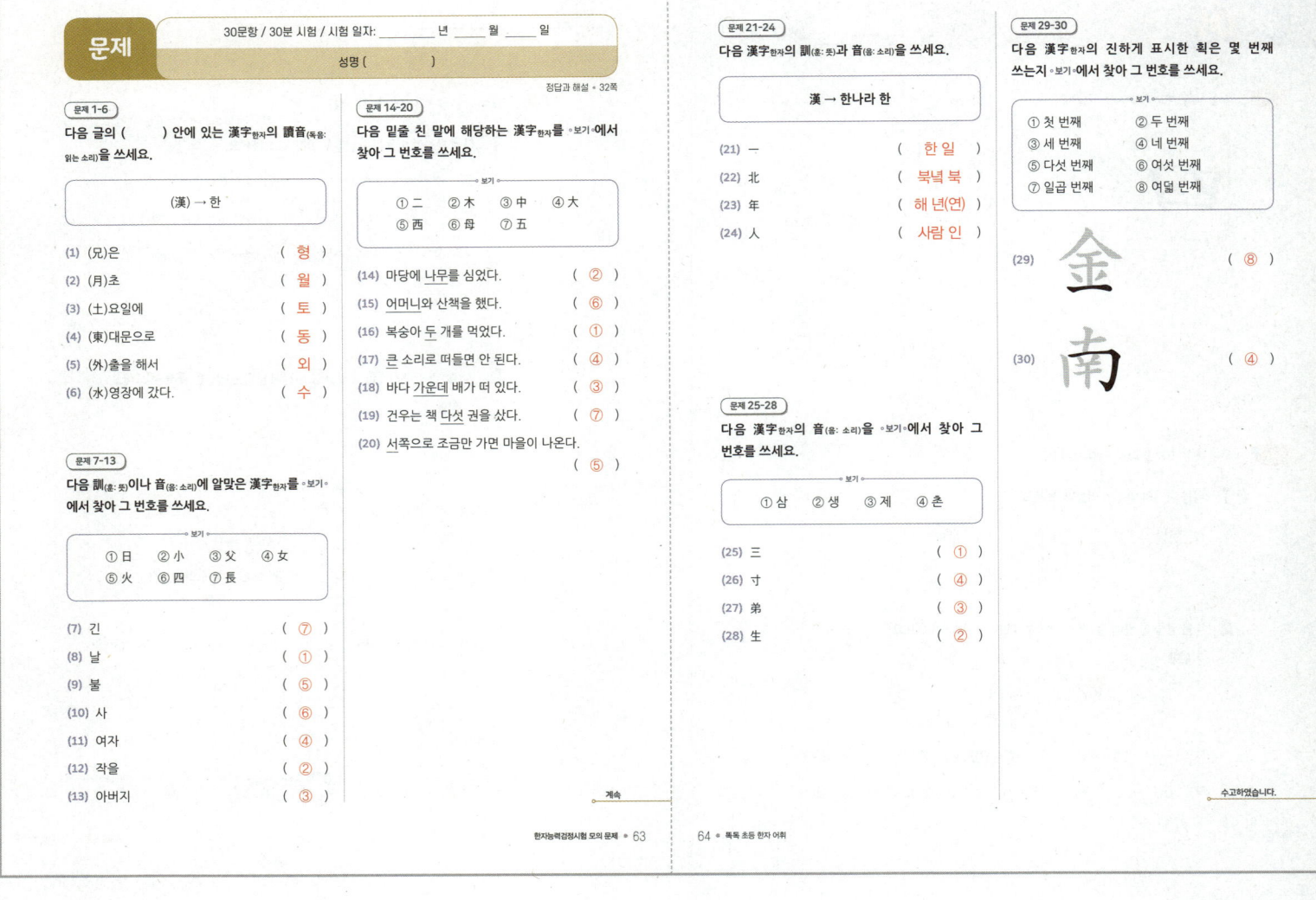

30문항 / 30분 시험 / 시험 일자: _____ 년 ____ 월 ____ 일

성명 ( )

정답과 해설 • 32쪽

문제 1-6

다음 글의 ( ) 안에 있는 漢字한자의 讀音(독음: 읽는 소리)을 쓰세요.

> (漢) → 한

(1) (兄)은 (형)

(2) (月)초 (월)

(3) (土)요일에 (토)

(4) (東)대문으로 (동)

(5) (外)출을 해서 (외)

(6) (水)영장에 갔다. (수)

문제 7-13

다음 訓(훈: 뜻)이나 音(음: 소리)에 알맞은 漢字한자를 •보기•에서 찾아 그 번호를 쓰세요.

> •보기•
> ① 日 ② 小 ③ 父 ④ 女
> ⑤ 火 ⑥ 四 ⑦ 長

(7) 긴 (⑦)

(8) 날 (①)

(9) 불 (⑤)

(10) 사 (⑥)

(11) 여자 (④)

(12) 작을 (②)

(13) 아버지 (③)

문제 14-20

다음 밑줄 친 말에 해당하는 漢字한자를 •보기•에서 찾아 그 번호를 쓰세요.

> •보기•
> ① 二 ② 木 ③ 中 ④ 大
> ⑤ 西 ⑥ 母 ⑦ 五

(14) 마당에 나무를 심었다. (②)

(15) 어머니와 산책을 했다. (⑥)

(16) 복숭아 두 개를 먹었다. (①)

(17) 큰 소리로 떠들면 안 된다. (④)

(18) 바다 가운데 배가 떠 있다. (③)

(19) 건우는 책 다섯 권을 샀다. (⑦)

(20) 서쪽으로 조금만 가면 마을이 나온다. (⑤)

계속

문제 21-24

다음 漢字한자의 訓(훈: 뜻)과 音(음: 소리)을 쓰세요.

> 漢 → 한나라 한

(21) 一 (한 일)

(22) 北 (북녘 북)

(23) 年 (해 년(연))

(24) 人 (사람 인)

문제 25-28

다음 漢字한자의 音(음: 소리)을 •보기•에서 찾아 그 번호를 쓰세요.

> •보기•
> ① 삼 ② 생 ③ 제 ④ 촌

(25) 三 (①)

(26) 寸 (④)

(27) 弟 (③)

(28) 生 (②)

문제 29-30

다음 漢字한자의 진하게 표시한 획은 몇 번째 쓰는지 •보기•에서 찾아 그 번호를 쓰세요.

> ① 첫 번째 ② 두 번째
> ③ 세 번째 ④ 네 번째
> ⑤ 다섯 번째 ⑥ 여섯 번째
> ⑦ 일곱 번째 ⑧ 여덟 번째

(29) 金 (⑧)

(30) 南 (④)

수고하였습니다.